李春蕾　主编

新时代最可爱的人

中华工商联合出版社

图书在版编目（CIP）数据

新时代最可爱的人 / 李春蕾主编 .—北京：中华
工商联合出版社，2019.4
ISBN 978-7-5158-2171-9

Ⅰ.①新… Ⅱ.①李… Ⅲ.①人物－先进事迹－中
国－现代 Ⅳ.① K820.7

中国版本图书馆 CIP 数据核字（2019）第 053286 号

新时代最可爱的人

作　　者	李春蕾
出品人	王宝平
策划编辑	于建廷　付丽梅
责任编辑	于建廷　王　欢
特约编辑	陈总峰　戴　瑶
责任审读	傅德华
营销总监	姜　越
营销推广	闫丽丽
营销企划	徐　涛　王　静
封面设计	周　源
责任印制	迈致红
出　　版	中华工商联合出版社有限责任公司
发　　行	中华工商联合出版社有限责任公司
印　　刷	北京毅峰迅捷印刷有限公司
版　　次	2019 年 5 月第 1 版
印　　次	2019 年 5 月第 1 次印刷
开　　本	710mm×1020mm　　1/16
字　　数	220 千字
印　　张	14
书　　号	ISBN 978-7-5158-2171-9
定　　价	39.00 元

服务热线：010-58301130
团购热线：010-58302813
地址邮编：北京市西城区西环广场 A 座
　　　　　19-20 层，100044
Http://www.chgslcbs.cn
E-mail：cicap1202@sina.com（营销中心）
E-mail：y9001@163.com（第七编辑室）

工商联版图书
版权所有　侵权必究

凡本社图书出现印装质量问题，
请与印务部联系。
联系电话：010-58302915

多年前，一部火遍全国的电影《大话西游》，用一句经典的台词，在人们的脑海里勾勒了这样一幅英雄的画面："我的意中人是一位盖世英雄，有一天，他会身披金甲圣衣、脚踏七彩祥云来娶我……"

荧屏上的英雄赞歌，市井巷陌的口耳传颂，总会把英雄们的形象描述得"高大上"，让人不禁想到，他们一定有着扣人心弦的传奇经历，以及伟岸挺拔的光辉形象。然而，电影的桥段只是桥段，现实却远不及艺术那么浪漫。

真正的英雄，从来都不会穿铠甲，披圣衣，更不会脚踏七彩祥云。和平年代，岁月静好，英雄们更不会显山露水，大张旗鼓，他们只会默默地奉献着自己的一切，包括生命。

在祖国最需要的地方，新时代的英雄们扛起科技强国的重任，不惜隐姓埋名一辈子。他们有的穿着粗衣布鞋，在荒漠戈壁一待就是几十年，不追求任何的名利财富，也不屑向谁要无限荣光。他们甘愿在时代的惊涛骇浪中，埋头苦干，做沉默的砥柱，做大国的脊梁。

在和平安宁的背后，新时代的英雄们依旧居安思危，用科技强大国力，用生命戍卫边疆。远离了喧嚣和战乱，我们可能感受不到他们的存在和力量，可当灾难和意外从天而降，当海外战地需要维和，当个人生命或国家财产面临威胁，那身特殊的绿色军装定会映入我们的眼帘，浮现在我们的脑海。他们，永远都是在国家和人民最需要的时候，冲在最前面的人，即使心里也有恐惧，也有放不下的情感，也会在责任与使命面前，舍小家顾大家，舍己忘我、舍生忘死。

在平淡的生活中，新时代的英雄们很不起眼，他们可能是亲密的邻居朋友，可能是陌生的路人过客，一身尘土、一脸朴实，但他们也在用寻常的言行、真挚的情感，书写属于当下的英雄史诗。广东佛山，外卖小哥在送餐途中，护送一位腿脚不便的老人安全过马路，暖心的一幕让人感动；安徽合肥，女儿陆勤霞从背后紧紧抱着父亲，将父亲的脚放在自己的脚背上，让瘫痪的父亲可以出去散步……勇敢、孝顺、执着、善良，都是来自这样一位位平民英雄，让温情得以传递、和谐得以实现、和平得以维系。

英雄的标准并不是所谓的"成功"，而是依赖那感人肺腑的力量、牵动人心的震撼和发自内心的选择。我们应该记住，有一群甘愿为科技强国牺牲小我的奉献者，一群时刻忧国的精进者，以及一群将平凡酝酿成伟大的佼佼者，他们不逊于任何过往时代的英雄，他们是新时代里最可爱、最可敬的人，怀揣着最珍贵、最动人的中国精神。

谨以此书，向所有书中写到的，以及因篇幅限制未曾写到的、新时代最可爱的人，致敬！

中篇

前赴后继的铁血军魂 /069

上篇
隐姓埋名的大国脊梁

宋文骢 ｜ 五十载春秋风华，二十年丹心铸剑

● 一架歼 –10 历经十八载岁月

世间所有优秀的人，做事时都是充满自信的，可他永远不会对自己说："我已经做得够好了。"在履行职责的过程中，他会不断调整自己的目标，暗暗地告诉自己："我还可以做得更好，我要努力做到更好！"

世上没有常胜将军，哪怕是名列前茅的佼佼者，也会面临许多挑战，这种挑战来自他人，也来自自己。不是第一，要努力成为第一；成为第一，也要继续努力做到更好。

世界军事技术领域发展迅速，不学习、不进步肯定是行不通的。军队竞争的本质是战斗力竞争，而战斗力归根结底还是学习力的竞争。在这种危机面前，无论职位是什么，学历有多高，不重视学习就一定会落伍。要想在明天依然是一个货真价实的有用人才，就当把学习力作为自己的稳固靠山。

2006 年 12 月 29 日，新华社对外宣布："由中国自主研制的新一代歼 –10 战斗机，已成建制装备部队、形成作战能力。这对加快我军武器装备现代化建设、巩固国防具有重大意义。"

作为中国最传奇的武器，歼 –10 飞机终于向世人揭开了神秘的面纱，世界各大媒体都敏锐地捕捉到了"成建制装备部队，形成作战能力"这一特别信息。两年后，歼 –10 战斗机在珠海航展亮相，吸引了全世界的目光。多少国外的军事专家慕名而来，目睹歼 –10 的风采。

至于歼 –10 到底有着怎样的迷人魅力，以及它对于中国国防事业的真实意义是什么？对此，最有发言权的人，恐怕就是这位老人——宋文骢。

宋文骢，1930 年 3 月 26 日出生于昆明。依山傍水的生长地，赋予了他灵气与智慧，但那时家乡的贫瘠和落后也让他难以忘却。中学时代，他加入了中国共产党外围组织，17 岁参加革命成为游击队员。1949 年，中华人民共和国成立，19 岁的他成为云南边纵部队的一名侦察员，曾冒着危险传送情报，立下战功。

1954 年 8 月 20 日，宋文骢跨进了哈军工大门，他的人生就此转折，与飞机设计结下不解之缘。1960 年，从哈尔滨军事工程学院毕业的宋文骢，走上了飞机设计的岗位。20 世纪 60 年代初，他和同志们一道首创了中国飞机设计第一气动布局并在专业组担任组长，开始了对飞机新式气动布局的深入研究。到了 20 世纪 80 年代，上级发文要研制出一种适合中国空军 2000 年以后作战环境的歼击机，并列为国家重大专项，代号为"十号工程"。当年，56 岁的宋文骢，被正式任命为歼 -10 飞机总设计师。

从 1984 年研发歼 -10 正式立项以来，宋文骢及其他工作人员度过了一段非常艰难的历程。研发之初，不少领导都存在争议和怀疑，认为直接购买幻影 2000 或者苏 -27 更好，省钱省时省力。可是宋文骢从来没有动摇过，他对歼 -10 和苏 -27 进行了详细的说明和对比，最终说服了所有人。

歼 -10 飞机的研制，历经了一个漫长的过程：1984 年确定初步设计方案；1986 年 1 月国务院、中央军委正式批准立项；1986 年 7 月宋文骢被任命为飞机总设计师；1987 年 6 月完成飞机初步设计；1998 年 3 月实现首飞；2004 年 4 月完成设计定型，前后共经历了 18 年漫长的光阴。

● 一"拖"二"熬"攻坚克难

在这 18 年的岁月里，宋文骢作为飞机总设计师，经受的压力可想而知。这种压力不仅仅是要攻克技术上的难题，还有一个更大的难关，就是经费的问题。20 世纪 80 年代中期以来，随着改革开放的深入，国家财政困难，许多军工单位都要"军民结合"，军费和事业费锐减，不少军工系统都得自己想办法解决问题。歼 -10 的研制就处在这样的时代背景下，他们借了不少资金，真的是一"拖"二"熬"，才完成了飞机的初步设计工作。

经过十几年的设计研制，原型机横空出世，可在进行发动机地面开车试验时，又遭遇了麻烦。发动机开车是由慢到快逐步加大推力的，在推力达到 90% 以后，进气口吸力已经非常大，空气形成白色的漩涡被抽进发动机里。这时，意外出现了，发动机的叶片出现了多处损坏。所有人都惊呆了，这是怎么回事？发动机里面怎么会有多余的东西呢？在开车试验之前，工作人员是反复检查过的。

第一次试验失败后，工作人员仔细排查清洗，可是再次试验还是出现了同样的问题。最后，他们层层把关，进行地毯式排查，终于在第三次开车试验时成功了。

首飞不容易，而定型更是一道艰难的关卡，这对于世界各国来说都是一样的，必须经历艰难崎岖的过程。歼 –10 先后尝试了多项风险操作，飞性能、飞操稳、飞颤振、飞火控，是我国军用飞机从未有过的。2003 年 3 月 10 日，歼 –10 终于"参军"。

然而，在交付部队使用后，设计定型的任务依旧艰巨。因为，飞机必须再经过一系列的试飞考验。从 1998 年到 2003 年这 5 年的时间里，定型飞机中的 30 多个高难度、高风险科目，逐一被攻克，歼 –10 飞机设计定型工作基本完成。

● 传奇的人生，不灭的精神

在历史的长河中，20 年的时间不算什么，可对于宋文骢来说，7000 个日夜只有他自己知道是怎样度过的。在飞机设计过程中，他肩负着一份沉重的责任，冒着失败的风险，去探索、应用新技术和新理念；他在遭遇逆境的时候，从未放弃过专业能力上的积累；在研究生涯中，一直坚持实事求是的态度。

宋文骢是一位优秀的飞机设计师，但他不可能独自完成整个飞机的设计。在这一点上，宋老具备了极强的协调组织能力，也有足够的胸襟和气量容下新人，扶持新人，帮助他们成长。优秀的品格修养、出色的格局胸怀，铸就了他在团队中的感染力和号召力。

宋文骢从事了几十年的飞机研制工作，但由于保密等原因，父母和兄弟都不知道他究竟是做什么工作的。有一年，弟弟宋文鸿去看望他，无意间看到了书柜里有几本医学类的书籍，回去后就对家人说："哥哥现在可能改行当牙医了。"当国家对歼-10进行适度解密后，一些报纸和杂志开始陆续公开报道宋文骢的事迹，并将其称为"歼-10之父"，这时家人才恍然大悟：原来，他几十年一直在默默地为国家研制战斗机。

2003年，宋文骢当选为中国工程院院士；2009年，他成为感动中国候选人之一，推选委员会委员给了他这样的评价："五十载春秋风华，二十年丹心铸剑，他的心血和灵魂全部默默倾注给了共和国的蓝天卫士，熔做了他的体，化作了它的魂。"

2016年3月22日，宋文骢院士因病去世。

八十年的风雨人生，他见证了中华民族救亡图存的苦难，也见证了中国航空工业崛起腾飞的艰难；五十年来的默默耕耘，他始终保持着稳健和创新的步伐。他的一生是辉煌的一生，留下的不仅仅是歼-10

这样的先进型号，还留下了一种永不磨灭的精神，那就是如何选择自己的人生方向、提炼和提升自己、为社会和国家奋斗、实现人生最大的价值。

宋老故去了，但他的精神始终留存，他怀着千里梦想，仍在路上。

南仁东 | 铸大国重器，一生为"天眼"燃尽

"天眼"若有泪，定是为他而流

"国家的栋梁，不对，应该是世界的栋梁。"

"鞠躬尽瘁，死而后已。国之栋梁，我辈楷模。"

"夜空中最亮的星——它是中国心。"

"走好，在天堂可以离你想看的星空更近了。"

"以后再想起 FAST 可别忘了他。"

"我常常感到愧疚，如果我们不这么'折腾'他，是不是师兄不会走得这么早？"

"……"

这些缅怀之词，都是献给同一位老人的，他用 22 年的执着和热情，让中国睁开了领先世界天文学界的"天眼"，而他却永远闭上了双眼。他，就是我国著名天文学家、中国科学院国家天文台研究员，也是国家重大科技基础设施建设项目——"中国天眼"500 米口径球面射电

望远镜工程（简称 FAST）的发起者和奠基人，"天眼之父"南仁东。

南仁东于 1945 年出生，1963 年就读于清华大学，于中国科学院研究生院获硕士、博士学位。之后，在日本国立天文台任客座教授。1982 年，他进入中国科学院北京天文台工作。1994 年开始，一直负责 FAST 的选址、预研究、立项、可行性研究及初步设计。

作为项目首席科学家、总工程师，他负责编订 FAST 科学目标，全面指导 FAST 工程建设，并主持攻克了索疲劳、动光缆等一系列技术难题。2016 年 9 月 25 日，他主持的 FAST 终于落成启用。然而，就在 FAST 运行将满一年，第一批成果即将出炉时，72 岁的南仁东却于 2017 年 9 月 15 日与世长辞了。这位把一生的心血都献给"天眼"，被尊为"天眼之父"的老人，再也看不到这一切了。

同年 11 月，中宣部追授南仁东"时代楷模"荣誉称号。在南仁东先进事迹巡回报告会上，曾经与他共事的同事、采访过他的记者，都从不同角度、不同侧面讲述了这位战略科学家的突出贡献、感人事迹和崇高精神。与此同时，千万的网友也在各大媒体平台表达对这位科学家的深切缅怀。

"如果有一天我真的不行了，我就躲得远远的，不让你们看见我。"这是南仁东刚刚生病时说过的一句话。当时，他的学生兼助理只觉得是句玩笑，不曾想他最后竟然真的悄悄地走了。他还曾与家人说过："我特别不希望别人记住我。"洒脱的老人独自驾鹤西去，并留下遗愿："丧事从简，不举行追悼仪式。"

这位为科学鞠躬尽瘁的老人，尽管格外低调，却依然不能免除人们对他的深切怀念：“如果‘天眼’也有眼泪，一定会为您流下感激的泪、思念的泪、期待的泪。”

● 用生命最后的 22 年实现一个梦想

南仁东在其人生最后的 22 年里，只干了一件事、实现了一个梦想，那就是建成了直径 500 米、世界最大、最为灵敏的单口径射电望远镜，用生命铸就了世界瞩目的“中国天眼”。

“中国天眼”是国之重器，在 FAST 落成启用那日，习近平总书记专门发来贺信，这是党和国家领导人第一次为大科学工程发贺信。之后，“中国天眼”作为标志性科技成果，被写入 2017 年新年贺词，写入党的十九大报告。

很多人不知道，关于 FAST 的一切，最初只是南仁东心中一个朴素的想法。

那是 1993 年，南仁东参加了日本东京召开的无线电科学联盟大会。当时，参会的外国科学家提出，要建造新一代射电望远镜，稳固西方国家在天文研究领域的霸主地位。这番话刺激并触动了南仁东，他暗下决心，要让中国在宇宙探索中迎头赶上，从跟跑者变成领跑者，研究出中国自己的大射电望远镜。

这是一个多大的挑战呢？当时，中国最大的射电望远镜口径只有 25 米，而他要建造的是 500 米口径的射电望远镜！难度可想而知。

如此大的射电望远镜，要建在哪儿呢？

南仁东认为，FAST 最好建在大山深处的山谷洼地，能有效远离电磁干扰。为了寻找合适的台址，他带着 300 多幅卫星遥感图，花费了 12 年的时间，几乎走遍了中国西南的所有大山，踏遍了大山里所有的洼地。在实地勘察了 80 多个洼地后，最终选择了贵州平塘的大窝凼。

选址的艰辛只是建设 FAST 坎坷之路的开始，如此庞大的项目，资金是一个重要的问题。为了 FAST 立项，南仁东四处"化缘"，无论是什么会、在国内还是国外，他逢人就介绍大望远镜项目，不厌其烦地把一个概念向不同的人解释无数遍。2007 年，南仁东的努力总算有了成效，FAST 被列为"十一五"国家重大科技基础设施项目。

这份喜悦没有持续太久，2010 年，FAST 索网的疲劳问题又带来一场风暴。

FAST 远观像一口大锅，其实是由 4000 多块镜片精密拼接成的一个整体反射面，控制镜片的就是兜在镜面下方的钢索网。南仁东和同事们设计了世界上跨度最大、精度最高的索网结构。可是，FAST 不同于一般的索网，它不但要承受 1600 吨的重量，还需要像弹簧一样来回伸缩，带动镜片灵活移动，精确地追踪天体。

要达到这样的效果，FAST 所需要的钢索，无论是抗拉强度还是使用寿命，都远超国家工业标准。他们从不同厂家购买了十几种钢索，却都不能满足望远镜的需求，查遍国内外相关的论文资料，即便是最好的实验数据，也只能达到预期要求的一半。

那个时候，台址已经开挖了，设备基础建设迫在眉睫。如果钢索做不出来，整个工程就没有办法继续。那段时间，南仁东焦虑到了极点，每天都在念叨着钢索。几经思虑，南仁东突然意识到，超越性的技术是等不来的，也是买不来的，既然没有现成的，那就自己做吧！

技术攻关战开始了！南仁东带领团队不断地设计方案，咨询国内相关领域的专家，他日夜奋战，每天与技术人员沟通，想办法在工艺和材料上找突破口，待在车间一周又一周。历经 700 多个日夜的煎熬，经历了近百次的失败，他们总算是改进了钢索的制作工艺，成功通过了抗疲劳实验，研制出了满足 FAST 工程要求的钢索。

这种世界上独一无二的钢索，给了 FAST 坚固而灵活的"骨架"；这种自主创新的技术，成功应用到港珠澳大桥等重大工程中，让国家和人民受益匪浅。此时，22 年已经过去了，这对南仁东而言，可谓是一场"长征"了。期间的艰辛曲折，唯有经历的人，才会懂得。

在 FAST 竣工落成的当天，南仁东站在 FAST 圈梁上，望着"初长成"的大望远镜，憨厚地笑着，欣慰地说：这是一个美丽的风景，科学风景。22 年，南仁东从壮年走到暮年，他把一个朴素的想法变成了国之重器，成就了中国的骄傲。"中国天眼"不负众望，截至 2018 年 9 月，已经敏锐地捕捉到了 44 颗新的脉冲星，实现了中国望远镜"零"的突破。

● 淡泊名利，只为成就国之重器

2016 年 9 月，就是"中国天眼"落成启用前，南仁东已罹患肺癌，并在手术中伤及声带。患病之后的他，依然带病工作，虽然身体不适合舟车劳顿，可他还是从北京飞赴贵州，亲眼见证自己耗费22年心血的大科学工程落成。

中科院国家天文台的一位研究员，在追忆南仁东时说："FAST是他人生的最后一次拼搏。现在，经过20年的努力，FAST终于建成了，成为举世瞩目的工程奇迹。虽然南老师没能等到它产出科学成果的那一天、没能等到他应得的荣誉、奖励，但我想他离去的时候心里一定非常清楚，他毕生的事业已经成功了。"

其实，不止一位报告人提到：1994年，年近50岁的南仁东在日本担任客座教授时，待遇比国内高出很多。有人计算过，那时他在国外一天的报酬，相当于在国内一年的工资。可即便如此，南仁东还是坚持要回国，因为他追求的不是名利、财富、荣誉，而是让自己的国家和民族有站起来的脊梁！

多年来，FAST的创新技术得到了各方的认可，获得了各种奖励。可是，属于南仁东个人的荣誉却屈指可数。2017年5月，他获得了"2017年全国创新争先奖章"，那是他唯一能"拿得出手"的个人荣誉了。可即便如此，他却还说，这个荣誉来得太突然、太沉重，自己难负盛名。他认为，这样的奖励不该属于一个人，而应该属于一群人。

南仁东是FAST团队中最勤奋的人，基本没什么节假日，每天都要处理上百封工作邮件。他时常会给同事们算一笔账："如果因为工作没做好，FAST停一天，就等于国家白扔了12万。"他怀揣的不是个人的成就，而是国家的利益。

　　最理解南仁东的人莫过于他的夫人。南夫人和他一样低调，一直婉拒所有访问。后来，她写给国家天文台台长的一段话，在时代楷模录制现场公开播出，感动了无数人：

　　"我的先生南仁东就是千千万万中国知识分子当中的普通一员，普通得不能再普通。是这个伟大的时代成就了他，使他点点滴滴平凡的工作和生活折射出不平凡的光辉；是博大精深的中华文化滋养了他，养成他淡泊名利、坚持真理、一诺千金、善良勤劳的优秀品格；是无数科学泰斗教育和影响了他，给予他渊博的学识，铸就他敢为人先、迎难而上、坚韧不拔的科学精神。"

　　南仁东在仰望星空时，脚步踏得如此踏实；凭借坚定的信念，追逐梦想，心无旁骛。他不为艰辛而止步，不因诱惑而动摇。二十余载"天眼梦"，梦圆了，他却悄然离去，但他留给世人的不仅仅是宏伟的"中国天眼"，还有他那宽广的人生格局和坚韧的人生态度。我们相信，南仁东先生坚毅执着的科学精神和无私奉献的高尚品格，会永远印刻在国人的心中。

林俊德 ｜ 干惊天动地事，做隐姓埋名人

● 在荒漠戈壁里做惊天大事

林俊德是谁？对于这个名字，大概大部分中国人都会觉得陌生。

他是一位将军，一名院士，坚守罗布泊52年，参与了中国的45次核试验任务。他一辈子隐姓埋名，直至离世前几小时的一张照片，才让整个中国知道他、走近他、了解他。

林俊德于1938年3月13日出生在福建省永春县的一个山村，那里既偏僻又贫穷，读完小学之后，林俊德就被迫辍学了。后来，依靠政府的资助，他读完了中学，并在1955年考入浙江大学。在大学的五年里，他所有的学费都是靠政府的助学金支付的。1960年，从浙江大学机械系毕业的林俊德被分到国防科委下属的一个研究所，开始了他报效祖国的一生。

国防科学工作要求严格保密，林俊德跟千千万万国防科学工作者一样，默默地奉献着。他们不可能出现在荧幕上，去享受瞩目的荣光；

他们也不能出现在报纸上，让人知晓自己的名字；他们甚至在父母妻儿面前，也要保密自己的工作内容。灯红酒绿的世界，离他们甚远；富贵显赫的荣耀，也与他们无关。他们的一生，大都在荒漠戈壁中度过，默默无闻。只有在他们去世之后，那些动人的事迹才会被我们这些被他们保护着的人知晓。

1964 年 10 月 16 日 15 时，中国人通过自己的努力，成功地引爆了原子弹。罗布泊一声巨响，蘑菇云腾空而起，为了搜寻记录爆炸数据的设备，在蘑菇云还没有散去时，穿着防护服的科技人员就已经冲进了烟云中，而林俊德就在其中。那一年的他，只有 26 岁。

为了能在第一时间拿到科研数据，年轻的林俊德没有畏惧核辐射。当时，西方国家在这方面对中国进行严密封锁和打压，但他们怎么也没想到，在这些获取爆炸数据的设备中，有一个设备竟然是林俊德用不起眼的闹钟和自行车轮胎制成的。

原子弹成功爆炸后的第一时间，现场总指挥张爱萍将军格外激动，他立刻向周恩来总理报告。周总理十分欣喜，但严谨的作风促使他冷静地追问：“如何证明是核爆成功？”这时，浑身沾满尘土的林俊德拿着数据匆匆赶到，张爱萍将军即刻向周总理汇报：“冲击波的数据已经拿到，这次爆炸是核爆炸，爆炸当量为 2 万吨。”

我们的核试验终于成功了！重新站立起来的中国，从此拥有了能够与西方抗衡的战略武器。

1967 年，人民日报发表了《我国第一颗氢弹爆炸成功》的消息：“1967 年 6 月 17 日，我国自主研发的第一颗氢弹成功爆炸。1967 年

6月17日, 7时整, 一架载着氢弹的飞机起飞, 向核试验场区方向飞去。7时58分40秒, 投弹。因投弹时技术人员漏掉一个操作动作, 忘记按自动投掷器, 氢弹未投下。时间接近8时20分, 再次投弹。氢弹脱钩后, 降落伞按程序正常开伞, 8时20分, 氢弹在距靶心315米、距地面2960米的高度爆炸。"

中国第一颗氢弹爆炸成功后的一项工作, 就是在核试验爆炸现场做采集工作, 那时, 29岁的林俊德带领小组在爆心附近, 步行了几十公里, 圆满地完成了核试验爆炸数据的采集任务。

当西方国家从大气层核试验转向地下核试验后, 对外实行了严格的限制与封锁。面对这样的形势, 林俊德和战友们默默坚守在荒漠, 攻克一个又一个难关, 研制出了一系列的装备, 形成了一个完整的核爆炸冲击波机测体系。1996年7月29日, 中国成功进行了最后一次地下核试验, 这也是林俊德参加的最后一次核试验。当晚中国政府郑重宣布: 从1996年7月30日起, 中国开始暂停核试验。

2001年, 林俊德当选为中国工程院院士。

● 一位院士生命的最后时刻

悭吝的时间, 不肯给这位可敬的科学家临终的从容。

2012年5月4日, 林俊德被确诊为"胆管癌晚期"。

没有人会想到, 这位伟大的院士从确诊到死亡, 只有短短27天的时间。然而, 躺在病床上的林老却早有了"危机意识", 他担心自己的生命所剩不多，而科研资料还尚未整理，就一再要求医生和家属把他的办公桌搬到病房里，他说："我要工作，不能躺下，一躺下就起不来了。"可是，鉴于他的身体状况，没有人敢答应他的要求。

5月30日下午，基地的领导来看望林俊德，林老提出了两个要求：一是不再做治疗，二是把自己的办公桌搬进来。基地领导含泪同意了林老的请求。5月31日，林俊德病情再度恶化，但他9次要求、请求甚至哀求医生让他下床工作。

学生和护士一起把林老扶到电脑旁坐下，他说："我的时间太有限了，你们不要打扰我，让我专心工作。"他带着氧气面罩，身上插着十几根管子，对着笔记本电脑，缓慢地移动着鼠标。他的电脑里，有关系着国家核心利益的技术文件，它们藏在几万个文件夹中；他的电脑里，还有学生的毕业论文，他们就要答辩了……他意识到自己的时间不多了，必须要尽快去做这些重要的事，他放弃用手术延长生命，选择与死神争分夺秒。

经过两个多小时的努力，上午10点，林老终于把自己的科研资料整理好，然后颤抖着对女儿说："C盘我弄完了。"他的手不停地颤抖，视力也开始模糊，他几次向女儿要眼镜，女儿告知眼镜戴着呢！身边的人捂着嘴哭泣，生怕林老听到。

20时15分，这位让罗布泊发出45次巨大轰响的将军，永远地闭上了眼睛。

有计安家国，无心许禄田

林俊德说："我这辈子只做了一件事，就是核试验，我很满意。"

林老一生淡泊，直到去世，依然是没有任何"兼职"的院士。他唯一的遗憾，就是对家庭的亏欠。在弥留之际，妻子黄建琴握着他的手，伏在耳边轻轻地说："老林啊老林，这是我第一次把你的手握这么长时间……"相伴45年，黄建琴说："他去世前住院那一阵子，是我们俩在一起最长的一段时间。"林老留给子女的话也很简单，只有短短的五个字："照顾……好……你妈……"

其实，从得知自己患癌的那天起，林俊德就在笔记本上写下了他的临终清单：

1. 计算机、保密柜清理

2. ……技术（国家机密）

3. 家人留言

4.（空）

5. 马兰物品清理（宿舍、办公室）

然而，死神留给他的时间太少了，5条提纲的内容没有完全填满，家人留言这一条完全是空白。临终前，他用虚弱的话语再三嘱咐："死后将我埋在马兰。"马兰，就是中国核试验基地，是他奋斗了一生的地方，是他永远的"家"。

林俊德生前几十年，一直住在部队的一所简陋房子中，他没有留下什么财产，只留下了一个搞科学试验自制的小工具箱，里面装满了他磨制的各种小工具。林老去世后，国家分给黄建琴一套房子，以及10万元的慰问金。黄建琴把10万元全部上交，作为林俊德最后的党费。她把老伴的骨灰放在家里一年后才放回马兰，说要让老伴儿看看这新房，他一辈子也没有住过这样的房子。

林俊德一生隐姓埋名，没有豪言壮语，留给后辈晚生的只有两句话："搞科学就是搞创造，就是实事求是讲实效，为国家负责。"多么朴实的话语，又是多么中肯的箴言。

2013年2月19日，林俊德荣获"2012年度感动中国十大人物"荣誉称号，给他的颁奖词是这样写的："大漠，烽烟，马兰。平沙莽莽黄入天，英雄埋名五十年。剑河风急云片阔，将军金甲夜不脱。战士自有战士的告别，你永远不会倒下！"

郭永怀 | 永怀精神，永放光芒

● "价值十个师"的科学家

1950 年 6 月的一天，一位中国年轻人造访了时任美国国防部海军次长金贝尔，这让金贝尔感到有些慌乱。这个年轻人一离开，金贝尔就立刻给美国司法部打了电话，他说："决不能放走这个中国人，他知道得太多了！我宁愿把这个家伙枪毙了，也不能让他回到中国。因为无论他在哪里，他都抵得上五个师！"

"抵得上五个师"，获得这等评价的不是别人，正是钱学森。然而，钱学森却很谦虚地推崇另一个人："如果我的价值能够抵得上五个师，那么有一个人的价值至少要达到十个师。"是谁得到了钱学森如此高的赞誉和评价呢？他就是郭永怀，是我国唯一一位在原子弹、氢弹和卫星领域都做出巨大贡献的科学家。

1909 年 4 月 4 日，郭永怀出生在山东省荣成市的一个农村家庭。他自幼聪颖，10 岁在本家叔叔创办的学堂里读书；1926 年，17 岁的郭永怀考入青岛大学附属中学,成为当地第一个公费中学生。1929年,他考取南开大学预科理工班,两年后直接转入南开大学物理系开始了本科学习。之后,他被导师推荐到北京大学光学专家饶敏泰教授门下继续深造。在参加了北京大学的入学考试后,郭永怀如愿地进入北大物理系学习,在导师的精心引导下,他打下了坚实的物理学专业基础。

1938年夏,中英庚子赔款基金会留学委员会举行了第七届留学生招生考试,参考者有3000多人,而力学专业只招收一人。结果,郭永怀、钱伟长、林家翘均以五门课超过350分的相同分数同时被录取。1940年,郭永怀一行来到加拿大多伦多大学应用数学系学习。1941年,郭永怀到美国加州理工学院学习,与钱学森一起成为世界气体力学大师冯·卡门的弟子,获得博士学位后留校任研究员。

1945年,美国康奈尔大学成立了航空研究院,郭永怀受聘任教。1946年到1956年这10年期间,郭永怀发表了大量的研究成果,特别是在空气动力学和应用数学方面的研究成果,更是震惊世界。

郭永怀从事的是科研工作,经常会接触到一些机密资料,而且他和钱学森一样,都是美国不想轻易放走的尖端科技人才。为此,美方就要求他填写一张调查表,其中有两项问题是:"你为什么要到美国来?""如果发生战争,你是否愿意为美国服兵役?"

郭永怀的回答是:"到美国来,是为了有一天能够回去报效祖国。如果发生战争,不愿为美国服兵役。"就这样,他失去了涉密资格,也上了美国政府的黑名单。

● 一波三折的回国之路

身在异国的郭永怀，没有一刻不在关注祖国的发展。那时，他和钱学森都是国防尖端技术的研究员。他们深知，如果没有原子弹，中国将永远无法在美苏面前抬起头来，经济再繁荣，到头来也是一场空。

当时，被美国监视拘留了五年的钱学森，终于可以回国了。临行之前，他还不忘与郭永怀约定：一年后在大陆共同为祖国的崛起效力。

钱学森回国后，郭永怀更坐不住了，他每天都在思索回国的事。当时，不少朋友劝他：康奈尔大学教授的职位多好，将来孩子也能在美国接受更好的教育，为什么总是惦记着贫穷的祖国呢？劝的人越多，郭永怀越是气愤："家穷国贫，只能说明当儿子的无能！"

美国自然不愿意放郭永怀回国，那将会给他们造成巨大的损失。为了避免美国政府的阻挠，向来沉默的郭永怀，在西尔斯院长举行的欢送烧烤晚宴上，做了一个惊人的举动：他把自己多年来的研究数据手稿，全部扔进了炭火堆！那些资料都是最核心的研究成果，妻子李佩看到这一幕时也是惊呆了，为此深感惋惜："何必要烧掉呢？回国还有用呢！"郭永怀却说："这些东西烧了无所谓，省得他们再阻挠我回国，反正这些早就印在了我的脑子里。"

1956 年 9 月，郭永怀夫妇终于拿到了回国的邮轮票。上船之前，一群穿着制服的美国人大肆搜查同船的物理学家张文裕的行李，拿走了很多东西。为此，轮船延迟起航近两个小时。这个时候，妻子李佩才明白，丈夫焚烧手稿的用意何在。

● "两弹一星"的元勋

到北京之后，毛主席和周总理都接见了他，周总理对郭永怀说："有什么要求和想法尽管提。"郭永怀说："我和学森等同志相比，已经回来晚了，我只想尽快投入工作。"1956 年到 1966 年，是新中国建设的黄金时期，钱学森在中国科学院力学研究所担任所长，郭永怀和钱伟长担任副所长，在他们的共同努力下，力学研究所很快发展起来。

1956 年 6 月，苏联突然单方致函中共中央，拒绝向中国提供原子弹的技术资料，并撤走了所有的专家和技术支持。这时，被誉为"中国原子弹之父"的钱三强，特意找到郭永怀，两人足足交谈了三个小时。

就是这一次拜访，把郭永怀和中国原子弹联系到了一起。之后，郭永怀正式受命担任九院副院长，带领由 105 名专家学者组成的特殊队伍，负责原子弹的理论探索和研制。他与物理学家王淦昌、彭桓武三人，成为中国核武器研究最初的三大支柱。

核武器研究基地在海拔 3800 多米的高原地区，气候变化无常，冬季最低温度 –40℃，实验现场寸草不生。由于缺氧和物资匮乏，当时不少研究人员都因为营养不良出现了高原浮肿，50 岁的郭永怀也是满头白发，苍老无比。

为了获得满意的爆炸模型，郭永怀带领队员反复试验，甚至亲自到帐篷里去搅拌炸药。在多次试验后，他还提出两路并进、最后择优的办法，为中国的第一颗原子弹爆炸确定了最佳方案。

1964 年 10 月 16 日，中国第一颗原子弹爆炸试验成功；1965 年 9 月，中国第一颗人造卫星的研制工作再次启动，郭永怀受命参与"东方红"卫星本体及返回卫星回地研究的组织领导工作；1967 年 6 月 17 日，中国第一颗氢弹爆炸试验成功！当全体工作人员望着升起的蘑菇云沸腾时，郭永怀却因过度疲劳，晕倒在实验现场。

● 用生命保护绝密数据

1970 年 4 月 24 日，中国第一颗人造卫星发射成功。遗憾的是，郭永怀却没有机会见证这一幕了。

1968 年 12 月 5 日，周恩来总理正在接见外宾。就在这时，一位秘书慌张地进来，在总理耳边轻声告知，首都机场的一架飞机在着陆时失事，郭永怀就在那架飞机上。周总理听到"郭永怀"的名字后，当场失声痛哭。

1968 年 12 月 4 日，在苍茫寂寥的青海基地，整整待了两个多月的郭永怀，在试验中发现了一个重要线索。他迫切地想把这个最新得到的数据带回去，就争分夺秒地找人联系飞机。同事们劝他为了安全明天再走，郭永怀却说："晚上好，睡一觉就到了。"

郭永怀拖着疲惫的身体在夜色中登上了赶赴北京的飞机。5 日凌晨，飞机在首都机场徐徐降落，就在离地面 400 米的时候，飞机突然失去了平衡，坠毁在 1 公里以外的玉米地里。整个过程只有 10 秒钟，让人猝不及防。

当人们辨认出郭永怀的遗体时，他和警卫员牟方东紧紧地拥抱在一起。人们费力地把他们的遗体分开后，中间掉出了一个装着绝密文件的公文包，它竟然完好无损。

飞机上唯一的重伤生还者回忆，在飞机开始猛烈晃动时，他听到郭永怀大喊："我的文件，我的文件！"随后，这位生还者就失去了意识。谁也无法想象，只有 10 秒钟的时间，郭永怀是如何做出这个决定的。这个决定，让所有人为之动容。

1999 年，郭永怀被授予"两弹一星荣誉勋章"，他横跨了核弹、导弹、人造卫星三个领域，是迄今为止唯一以烈士身份被追授"两弹一星"奖章的科学家。

吃水不忘挖井人，我们永远都应该记住，用生命保护绝密数据的郭永怀，他留给我们的不仅是不朽的学术成就，更是值得永远珍藏的精神财富。

高伯龙 | 旋转人生，为高新武器定位

逆境中仍思科学强国

2014 年，央视新闻节目在介绍国防科技大学激光陀螺团队时，画面中出现了一位 86 岁的老人在电脑前工作的情景，令观众们感慨又惊叹。那位老人，就是我国第一代"陀螺人"中的先锋——高伯龙。

1928 年 6 月 29 日，高伯龙出生在广西南宁。在抗战时期，为了躲避战乱，他跟随母亲在老家岑溪居住，此后就跟随父亲辗转各地，就读过多所小学，也曾休学在家自修。他两次跳级，小学毕业时只有 10 岁半，但因父母忙于工作，而居住地信息又比较闭塞，竟错过了报考中学的时间。1940 年，他考入桂林汉民中学。

1944 年，高伯龙刚刚进入高二年级不久，日军进犯广西。战火中断了他的学业，在国难当头之际，16 岁的高伯龙决定投笔从戎，抗击日寇。他和一起报名从军的同学徒步前往四川入营。然而，他所在的青年军大部分都没有赴前线作战，从戎抗敌的愿望破灭了。这个

时候，他的志向也发生了改变，决意要朝着科学强国的方向发展。

抗战胜利后，高伯龙重返校园，他在上海中学学习了一年后，就于1947年考入清华大学物理系。毕业后，高伯龙希望进入中科院近代物理研究所从事理论研究工作，这是他擅长且热爱的方向，但最终他却被分到了中科院应用物理研究所。1954年，他被哈军工选调到该校物理教授会担任物理教学工作。

由于工作出色，高伯龙很快就成为学院青年教师中的佼佼者，1956年被晋升为主任教员、讲师，1962年晋升为副教授。工作后的他，一直坚定地认为，只有多读书、钻研学问，多做实际研究工作，才能报效国家。怀着这样的信念，他在那个年代吃了不少苦头，可即使身处逆境，他依然未曾泯灭科学强国的志向，始终孜孜不倦地进行学术研究。他日益深厚的理论物理造诣，为其在激光陀螺研究领域取得丰硕成果奠定了基础。

清除成功路上的障碍

20世纪六十年代初，美国发明了世界上第一台红宝石激光器和第一台氦氖红光激光器，引发了世界光学领域的一场革命。世界各国的科学家们都开始关注并研究如何把激光应用于航空航天领域，并纷纷开始进行"环形激光器"的研制工作。

1971年，高伯龙接受了钱学森的建议，调任由钱学森倡导成立的国防科技大学激光研究实验室。自此至20世纪90年代中期，开始了全国激光陀螺研制最为艰辛的 20 年。高伯龙率领团队从零开始，从基本原理的研究、主攻方向的确定，再到一项项工艺技术的突破，从艰难险阻中开辟了一条有中国自主知识产权的研制激光陀螺的成功道路。

激光陀螺，也被称为环形激光器，利用物体在惯性空间转动时正反两束光随转动而产生频率差的效应，来感测其相对于惯性空间的角速度或转角。如果配合加速度计，它能够感知物体在任意时刻的空间位置，对航空、航天、航海，尤其是军事领域有非同寻常的价值。20世纪 60 年代末，我国有一些科研单位也进行过这项研究，但最终因为种种原因被迫放弃。

高伯龙和他的团队在创业之初，条件十分艰苦，就连铁架子、点焊机等最基本的器材，都要靠自己动手制作，而且团队中的不少成员，完全不知道制作激光器需要哪些材料。可是，再难也要往前走，没有实验场所就把废弃的食堂改造一下，没有软件就自己动手编程，经费不足就用废弃的材料自己制造设备。

激光陀螺是一个多项复杂技术的集合体，每个环节都要求精细化操作，因而困难源源不断地袭来：超抛加工、超抛检测、化学清洗……这些问题都在等着他们解决。一个个不眠之夜，一次次全力奋战，他们终于把通往成功路上的障碍逐一清除了。高伯龙带领团队成功研制出多种型号的激光陀螺，创造了无数个"第一次"。

● 一束至纯至强之光

碍于工作性质和保密等原因，高伯龙虽参与激光陀螺研制数十年，但公开发表的论文只有 30 多篇，可每一篇文章都有很强的指导性和实践性，他从来都不做空泛的理论研究。这种对科学研究的严肃态度和严谨学风，也深刻地影响了他的弟子。他在衡量评价博士生、硕士生的学术水平时，都以能否解决实际问题为标准。他交给学生的课题，全部是激光陀螺研制中急需解决的攻关课题，甚至是研制国外禁运的先进仪器设备，难度可想而知。现如今，他的很多弟子都已经成为国防科技大学激光陀螺研制领域中的新先锋和新骨干。

1975 年，高伯龙在突破了四频差动陀螺若干关键理论问题后，将研究心得整理成十几万字的《环形激光讲义》在全国公开发行，在这本册子里，他毫无保留地将自己的理论研究成果向全国同行进行了详细的介绍。

1995 年，高伯龙接受了中央电视台的访问，回顾从理论物理研究转向激光陀螺研究的历程，他这样说道："理论物理知识是在大学里形成的。毕业后很多人劝我改一改研究方向，但我没有改。可以说在痛苦中坚持了 20 年。"他又说："明明你生活在高山上，你却不想爬山而想学游泳，这必然引起主观跟客观的矛盾。一个人的志愿应该跟客观实际相符合，应该符合国家的需要，既然已经给我分到这个地方来了，需要我干这个工作，如果自己还想着另外一种工作，这就是苦恼的根源。"

1997年，高伯龙当选为中国工程院院士。随着时代的发展，以及激光陀螺的逐渐成熟，高伯龙又把科学探索的触角伸向了激光陀螺的重要应用领域——惯导系统的研究。他带领并指导自己的博士生在2010年研制成功一套双轴旋转式惯导系统，有效地解决了激光陀螺因漂移误差而影响系统精度的问题。

2017年12月6日，犹如一束绚丽的激光划过长空，搞了一辈子激光的高院士，因病在长沙逝世，享年89岁。

爱因斯坦曾说："第一流人物对于时代和历史进程的意义，在道德品质方面，也许比单纯的才智成就方面还要大，即使是后者，它们取决于品格的程度，也许超过通常所认为的那样。"

是的，斯人远去，风骨长存。高伯龙院士静静地走了，可他的精神品质和信仰，却化作了一束至纯至强的光，照亮着新时代的强军征程，为后人前进的道路指引方向。

李小文｜过简朴的日子，搞顶尖的科研

● 朴素的"布鞋院士"

2014 年 4 月 21 日，网络上有一张照片火速蹿红：一位其貌不扬的老人，蓄着胡须，穿着一身黑衣，蹬着一双黑布鞋，不经意地跷起二郎腿，露出没有穿袜子的脚面……乍一看，不少人都在纳闷：这不是一个乡村老人吗？他在中国科学院大学的讲台上做什么呢？

这不是一个普通的老人，他的身份是：中国科学院院士李小文！此外，他还是国内遥感领域泰斗级专家！看完下面这组数据后，许多人都呆若木鸡：他有 38 篇研究论文被 SCI [①] 引用 557 次；他的硕士论文被美国权威著作收入；他在 1985 发表的论文被 SCI 引用 113 次！这意味着什么呢？只有教科书式的研究成果，才能够有这样的引用数

[①] 美国《科学引文索引》，世界著名的三大科技文献检索系统之一。

据，而这些只是其中的一部分，他还参与了NASA②的研究项目，可谓是中国的骄傲。

然而，就是这样的一个学术泰斗，却很谦虚地说："我从来没有用功念过书，从来没努力争取过什么，从来没有多高的觉悟和志向。"在当下的浮躁喧嚣中，这个只穿着布衣布鞋、本色随性的李院士，因那张"特别"的照片而被人们知晓。面对媒体的采访要求，他只是简单地回应："感谢网友，希望冷一冷。"

生活中的李小文，平日里一直都是照片中的样子：黑布鞋、坎肩、衬衫、小布兜、不穿袜子，他从来不会为了一个特别的场合，去穿一件特别的衣服。在生活方面，他始终信奉一句格言："如无必要，勿增实体"，尽最大努力减去修饰，除去冗繁，褪去光环。

院士的身份和荣誉并没有让他改变什么，他把自己的奖金拿出120万捐赠给母校。他不仅是一位优秀的科学家，更是一位值得尊敬的老师。他对学生温柔和蔼，总是平等地与学生探讨问题，尊重学生发表的意见。见到学生报告中有错误，他会先报以微笑，再用婉转的方式表达，从不让人尴尬和难堪。朴素的李院士执着于讲台，诲人不倦。他培养了160余名博士硕士研究生，其中有不少人已经成为定量遥感领域的领军人物。

---

② 美国国家航空航天局

● 传奇的"遥感泰斗"

李小文院士在生活上的简朴作风，以及在海人方面的和蔼谦卑，值得我们深深地尊敬。然而，我们要知道，他的身份不仅仅是一位院士，他更是一位伟大的科学家！

1947 年 3 月 2 日，李小文在四川省自贡市出生；1968 年，他从电子科技大学（原成都电讯工程学院）毕业；1978 年考入中国科学院地理所二部（遥感所前身）攻读硕士学位，次年赴美国加利福尼亚大学圣巴巴拉分校地理系留学，1981 年获地理学硕士学位，1985 年获地理学博士学位和电子工程与计算机科学硕士学位……看到这里，不少人都感叹：这俨然就是一个学霸的传奇历程。

1986 年，李小文回到祖国，担任中科院遥感应用研究所图像处理室主任、中科院遥感信息科学重点实验室研究员。1999 年后一直就职于北京师范大学，1999 年创建了遥感与地理信息系统研究中心。2001 年，当选为中国科学院院士。

学得一身本领的李小文，回国后开始了他科研报国的道路。遥感测绘技术是当今世界上最尖端的技术之一，无论是在军事领域还是民用领域，都有不可估量的前景。西方先进国家对此技术，一直都是严密封锁的。回国后的他，潜心钻研遥感测绘技术的突破，带领团队成功攻克定量遥感研究的难题，让我国在多角度遥感领域成功迈入国际一流的队列中，而他也创建了"Li-Strahler"几何光学学派，NASA

基础研究项目，他的硕士论文还入选了国际光学工程协会"里程碑系列"。在卫星遥感领域，他是当之无愧的泰斗。

很多人说，如果没有李院士，中国的遥感卫星事业将要推迟很多年。而美国波士顿大学地理系主任 Strahler 对他的评价，更能凸显他的贡献："李小文是遥感基础研究领域最顶尖的两三位科学家之一。"

● 大师陨落，风骨长存

到了 60 岁之际，李小文还有两个愿望：一是做"大数据时代的大地图"研究，二是好好编写一本教材。可是，还没来得及去实现，他的生命就已经进入了倒计时。

李院士接连承担两个大的国家项目，作为首席科学家的他，积劳成疾住进了医院。医生的诊断结果让人不敢相信，竟然是营养不良。面对死亡，这位老人依然是那样地随性从容，谈及此生，他笑着说："今生已经如此灿烂，来世只会更加艳丽。"

2015 年 1 月 9 日上午，他在家中晕倒；当天下午，他就开始吐血，医生诊断是门脉高压，由肝硬化引起的消化道出血；当天下午 6 点，他的病情开始恶化……2015 年 1 月 10 日，李小文院士因医治无效离开人世，一代遥感大师就此陨落，享年 68 岁。

在他去世之前，就已经立下遗嘱：不使用急救措施强行延续生命，不浪费国家的资源，不拖累别人，不让自己受太多苦。就如他自己所言，这一生他从来没有刻意地争取什么，只是花费一生的时间在做一个"差不多就行"的自己，喜欢考多少分就考多少分，喜欢穿什么就穿什么，喜欢做研究就潜心去做，没有想太多。

李院士用一生的言行维护了本色随性的风骨，纵然大师陨落，可风骨却会长存。他的人格、品行、做事态度，对于后辈晚生的影响，比他在遥感领域做出的贡献更加难能可贵。这样的中国科学家，永远值得后人敬仰和铭记。

黄旭华 | 以身许国，甘愿赫赫"无名"

● 学医救人，科技救国

2017 年，央视新闻联播播报了全国精神文明建设表彰大会的新闻，一位老人引起了大家的注意，他就坐在习总书记的身边。老人已经九十多岁了，获得了全国道德模范的他，在人民大会堂领奖，看到老人家年事已高，站在代表们中间，习总书记握住他的手，请他坐到自己身边，老人执意推辞，总书记一再邀请，他终于在总书记身边坐下。

这位老人看起来没什么特别，但他却一点都不平凡，他是大名鼎鼎的"中国核潜艇之父"——中船重工第 719 研究所名誉所长、首批中国工程院院士、我国第一代核潜艇总设计师黄旭华。我们都知道，军事力量永远是一个国家立足世界的资本。现如今，我国的军事力量突飞猛进，而在这飞速发展的背后，有一批科学家在默默地为国家负重前行，黄旭华就是其中之一，他是一个真正把自己和人生奉献给祖国和人民的人。

　　1926 年，黄旭华出生在广东省的一个乡医之家。受家庭环境的影响，儿时的他希望长大后也能成为一名优秀的医生。无奈，年少时的他恰好赶上了战火年代，求学生涯辗转多地，一点也不安稳。这样的经历让他意识到，唯有科技才能强国，才能让国家和人民免受战火之灾。

　　1945 年，黄旭华被保送到当时的中央大学航空系，后以第一名的成绩考入国立交通大学（今上海交通大学），开始追寻"造船造舰"抵抗外侮的报国之梦。从上海交大造船系毕业后，他就开启了与核潜艇一生的缘分。

　　1954 年，美国"鹦鹉螺号"核潜艇第一次试航，这种新型武器的巨大能量，完全超出了人们当时的想象。四年后，我国也开始启动研制导弹核潜艇，黄旭华被选中参加研究。

　　19 世纪 50 年代末的中国，没有一个人真正了解核潜艇，也没有任何的经验可循。在中央组建的 29 人造船技术研究室，黄旭华和同事们只是笼统地认为，核潜艇大概就是常规动力潜艇中间加一个反应堆。在后来的实践中，黄旭华才渐渐明白，造核潜艇并不像他们想象中那么简单。

　　那时的祖国，无论是物质还是知识，都可谓是一穷二白。在没有任何参考资料的条件下，黄旭华和同事们大海捞针般地搜集有关核潜艇的碎片信息。后来，有人从国外带回来两个核潜艇的儿童玩具模型，黄旭华在拆解这两个玩具时，竟然意外地发现，这与他们构思的核潜艇图纸大致是一样的！

这给黄旭华及团队带来了启发和动力，他们用算盘和计算尺去计算核潜艇上的大量数据。为了保证计算的精确性，研发人员分组来计算，一旦出现不同的结果，就会重新再算，直到得出一致的数据。核潜艇上的设备、管线数以万计，黄旭华要求每一个都得过秤，几年来每次称重都是"斤斤计较"。最终，数千吨的核潜艇在下水后的试潜、定重测试值和设计值毫无二致。

功夫不负有心人。1974 年，我国第一艘核潜艇"长征一号"，正式列入海军战斗序列。从 1965 年"09"计划正式立项，用了不到十年的时间，我国就造出了自己的核潜艇。

● 生命与核潜艇融为一体

核潜艇造出来了，可黄旭华的脚步却没有停下。随后的几年里，他选择了极具挑战性的深潜试验，因为深潜才有战斗力！

现如今，搜索核潜艇的手段很多：布满太空的间谍卫星，时刻都在窥探着大洋，核潜艇的红外信号、尾迹信号，乃至微弱的电场和磁场信号特征等，都会暴露水下核潜艇的踪迹。唯有大洋深处的海沟，才是核潜艇最有效的安全屏障；唯有深潜，才有隐蔽性、安全性、突然性，才能防不胜防、一击制敌，让侵略者不敢进行战争冒险。

二十世纪六七十年代，300 米是当时核潜艇研制的世界水平，美国和苏联的核潜艇深度大概都在这个深度上下。那么，来犯者能潜多深，防御者也必须潜多深，否则就无法发现、锁定和攻击目标。

　　然而，深潜试验是极具危险性的。黄旭华这样解释道："艇上一个扑克牌大小的钢板，潜下数百米后，承受水的压力是一吨多，一百多米长的艇体，任何一个钢板不合格、一条焊缝有问题、一个阀门封闭不严，都可能导致艇毁人亡。"与此同时，他又表示，"我对深潜很有信心，将与大家一起下水！"

　　1988年，中国核潜艇第一次进行深潜试验。当时的黄旭华已过花甲之年，他跟潜艇官兵们一同下潜。深海寂静无比，巨大的水压压迫舰艇发出阵阵声响，现场所有人都很紧张，深深地屏住了呼吸。1小时，2小时，3小时，随着时间的推移，核潜艇到了水下极限深度，完成了4小时的深潜试验……试验成功了！黄旭华作为世界上第一位亲自参与核潜艇深潜试验的总设计师，他按捺不住内心的激动与喜悦，即兴挥毫：

　　"花甲痴翁，志探龙宫，惊涛骇浪，乐在其中！"

　　后来，当黄旭华向记者讲述"深潜"这段往事时，他把自己的人生都归结到上述的那首诗里："我的人生都概括在那首诗的两个字里了，一个是'痴'，一个是'乐'。六十年'痴'迷核潜艇，再艰难困苦也'乐'在其中，所以能百折不回。"

　　在完成中国第一代核潜艇深潜试验和水下运载火箭发射试验后，黄旭华把接力棒传给了第二代潜艇研制人员。此后的20多年里，他一直给后辈晚生们做"场外指导"。

　　工作已经成了黄旭华的一种习惯，哪怕是已经过了耄耋之年，他依然每天上午8点半准时到办公室，整理几堆1米多高的资料。对他来说，这是一辈子的财富，他要把这些珍贵的资料保存好，一代代地传下去。他说："我割舍不下这项事业，我的生命早已经和祖国的核潜艇事业融为一体。"

● 当无名英雄只是小事

黄旭华奉命进京参加"核潜艇总体设计组"的工作时，领导给他提出了这样的要求："时时刻刻严守国家机密，不能泄露工作单位和任务；一辈子当无名英雄，隐姓埋名；进入这个领域就准备干一辈子，就算犯错误了，也只能留在单位里打扫卫生。"

黄旭华毫不犹豫地答应了，他说："我能承受。在大学时我经受过地下组织严格的纪律性、组织性的锻炼和考验，相比之下，隐姓埋名算什么。"在领受研制核潜艇的使命后，他就奉命进京了。家人只知道他是去出差，却没想到自那以后，他竟然神秘地"失踪"了。虽有信件寄回来，可家人却不知道他在哪儿，也不知道他在干什么。

这一别，就是 30 年。父亲临终前，也没有见到黄旭华的身影，他被家人误会成不孝，家人慢慢和他断了联系。当时的心痛，恐怕只有他自己知道，可他依然坚信，对国家的忠就是对父母最大的孝。

直到 1987 年，黄旭华隐秘 30 年的生活，才逐渐显露于世。上海《文汇月刊》刊登了长篇报告文学《赫赫而无名的人生》，黄旭华把报刊寄给了广东老家的母亲。母亲看过文章后，才知道儿子这些年的去向，30 年没回老家的"不孝子"，终于令母亲自豪了！她反复阅读了几遍，之后含泪对家人说："三哥（黄旭华）的事情，大家要理解，要谅解。"

待黄旭华回老家探亲时，95 岁的母亲与他对视，却无语凝噎。30 年后再相见，黄旭华已年过花甲，双鬓染白。他说："我欠我的父亲母亲，欠我的兄弟姐妹，欠我的夫人，欠我的小孩，我的情债欠得太多太多了，但没有一个人埋怨我，我很感谢他们。"

2013 年，黄旭华被评为"感动中国"十大人物，颁奖词这样写道："时代到处是惊涛骇浪，你埋下头，甘心做沉默的砥柱；一穷二白的年代，你挺起胸，成为国家最大的财富。你的人生，正如深海中的潜艇，无声，但有无穷的力量。"

这样的赞誉本是黄旭华应得的，而他却很释然地说："我很爱我的母亲、妻子和女儿，我很爱她们。但我更爱核潜艇，更爱国家。我此生没有虚度，无怨无悔。"

潘镜芙 | 逐梦深蓝，从零开荒四十年

● 半路出家开启"铸舰梦"

鲁迅先生弃医从文，中国现代史上少了一位救死扶伤的医生，却多了一位中国新文化革命的巨匠。就在鲁迅先生的晚年，距离他的故乡绍兴 140 公里的湖州，诞生了一位令人仰慕的舰艇巨匠，他就是潘镜芙。

1930 年，潘镜芙在浙江湖州出生。抗日战争爆发后，为了躲避战乱，当时只有七岁的潘镜芙跟随家人乘坐小船，从一个村庄逃到另一个村庄。那时候，他脑子里就已经植根了一个想法：有船才能生存。

后来，潘镜芙跟家人一同逃往上海，在途经黄浦江时恰好是夜晚，他看到江上一片灯光，全都是日本的军舰和外国的大船，没有一艘是中国的。尽管还是一个孩子，可他已经在想：如果长大后能够造军舰多好啊！逃亡路上的所见，成了潘镜芙"铸舰梦"的起点。

1941 年，潘镜芙随家前往苏州，进入苏州高级中学就读。1948年报考大学时，没有船舶设计专业，他就暂时把梦想搁置，选择了当时工作前景较好的电机系。大学毕业后，潘镜芙被分配到华东电工局从事电气设计。

年少时的梦想，至此似乎已经渐行渐远。谁也没有想到，时隔三年后，组织上竟然安排潘镜芙到船舶设计部门工作。后来，提起这段经历他总是笑称，搞导弹驱逐舰自己是半路出家。没想到，一干就是一辈子。

20 世纪 60 年代初，65 型火炮护卫舰开始研制，这是我国研制的第一型舰艇，潘镜芙主持电气设计部分的工作。当时的他刚刚 30 出头，却毅然提出了一个大胆的想法。

当时，全国上下所有舰船上使用的都是直流电，岸上使用的是交流电，军舰一靠码头就要接岸电，还要使用专用设备先把交流电变成直流电，才可以照明。如果接错了，电气设备就会烧毁，很是麻烦。所以，潘镜芙竟提出想把直流电改成交流电制。

很多人都劝他："这样做风险太大，还是走老路更保险一些。"潘镜芙不畏压力，他说："风险总是有的，创新总是要碰到一些问题，不是一帆风顺的。"他认为，交流制稳定可靠、价格便宜、进岸电也很方便，且国外从五六十年代以后，都开始朝着交流制发展。

靠着这样的预见和胆识，潘镜芙在中国军舰上第一次成功采用交流电制。此后，我国其他各型水面舰艇、民用船舶都开始采用交流电制。其实，类似这样的工作，潘镜芙还做了很多。他知道，自己进入的是一个在中国近乎空白的领域，而瞄准的却是世界最先进的水平，要缩短梦想与现实之间的距离，必须不断创新。

● 用四十年靠近"铸舰梦"

1965 年，潘镜芙受命主持我国第一代导弹驱逐舰。

年少的梦想就要启航了，然而潘镜芙却发现，这条路走起来比想象中艰难太多。过去，我们建造的水面舰艇都是单个武器装备军舰，彼此间没什么联系，全靠指挥员的口令来人工合成作战系统，综合作战能力较差。

关键之际，"中国导弹之父"钱学森参与了确定驱逐舰导弹系统方案的会议。他在会议上直言："军舰是一个大系统，导弹只是舰上的一个分系统，把导弹系统装到舰上，要把它安排好，使它发挥最大的作用。"钱学森提出的"系统工程"的观点，让潘镜芙茅塞顿开，他决定要把这个理念应用于舰船设计中。

为了实现"系统工程"的目标，潘镜芙带领同事去调查国产设备研制情况，这些设计单位分散在全国各地，他们在"吃着窝头，每人每月三两油"的艰苦条件下，先后召集一百多家单位参与设备研制，解决了一系列的技术难题。

1968 年，第一代导弹驱逐舰首制舰在大连造船厂开工建造。历经四年的艰苦奋战，首制舰于 1971 年 12 月顺利交付海军服役。从此，中国海军第一次拥有了远洋作战能力的水面舰艇，我国驱逐舰进入导弹时代，而潘镜芙也被外国同行称为"中国第一个全武器系统专家"。

20 世纪 80 年代，世界各国军舰都在竞相发展导弹驱逐舰，而我国现有的驱逐舰与国际先进水平相比，还落后很多。这让潘镜芙很是焦虑，他意识到，研制更先进的驱逐舰是迫在眉睫之事。为了适应新技术条件下的作战需要，我国开始研制第二代新型导弹驱逐舰，潘镜芙担任总设计师。

那时，潘镜芙又做了一个有争议的决定：在第二代导弹驱逐舰的动力装置上引用国外设备。有人讥讽他说："如果设备出了问题，难道要让外国人来解决吗？"潘镜芙再次顶住压力，强调说："引进国外设备和技术，可弥补国内的一些短板不足，让新型驱逐舰整体站在较高的技术起点上，加快国产驱逐舰的发展速度。凡引进的设备，都要确定国内的技术责任单位和生产单位，实现国产化，填补国内技术空白。"他的观点，很快就得到了研究院和海军主要领导的支持。

1994 年和 1996 年，由潘镜芙主持设计的中国新一代导弹驱逐舰哈尔滨舰和青岛舰分别交付海军使用，新型舰艇缩小了与发达国家的技术差距。1995 年，哈尔滨舰先后访问朝鲜、俄罗斯；1997 年，又作为中国海军编队主要军舰访问美国、墨西哥、秘鲁和智利，实现了中国军舰首次环太平洋航行。2002 年，青岛舰远航 4 个多月，横跨印度洋、大西洋和太平洋，实现了中国海军历史上的首次环球航行。

1995 年，潘镜芙当选为中国工程院院士。

此后的他，逐渐退居二线，不再具体负责舰船设计工作，但至今仍然担任国产军舰设计的顾问，为新型驱逐舰的继续改进做贡献。

● 无时无刻挂记海军官兵

研制军舰这份事业，与文学是不搭边的。可是，走进潘镜芙的家里，最先看到的却是客厅、餐厅和卧室里的三个书柜，他珍藏了中外历史上不少文豪的著作。平日里，潘老就是靠读书、写诗和欣赏音乐来休闲的，每攻克一道技术难题，他就会拿起口琴，轻轻低吹上一曲浪漫而深情的《军港之夜》。

作为总设计师，潘镜芙处处身先士卒。每一次的适航性试验，他都坚持再坚持，为的就是直接掌握第一手资料。回忆起往事，他幽默地说："记得第一次上船试验，我一躺下就天旋地转，像醉酒了一样。"

鲜有人知，这番幽默的背后，其实藏着莫大的辛酸。他的女儿偷偷告诉记者，真实的情况是，父亲当时腰椎间盘突出的毛病犯了，但不放心海上试验，坚持忍痛上了军舰。在海上潮湿的环境中，腰间的刺痛越来越严重，可即使如此，潘镜芙还是让同事搀扶着，继续指挥舰艇的操作。

几十年的时间，潘镜芙的工作单位从上海搬到南京，从南京搬到武汉，而他大部分的时间都是在研究所、造船厂、海上试验场度过的。他的女儿提起："从 1966 年到 1992 年，20 多年里，爸爸妈妈几乎一直过着分居的生活，每年只有一次探亲假，爸爸才能回到上海的家中，那就是过年的时候。每次爸爸离开家，我都要大哭一次。"

对此，潘镜芙也表示："我对妻子和孩子真的很愧疚。分隔两地的那些年，我和家人都是通过写信相互支撑的。"直到1992年，潘镜芙的工作移回上海，才与家人真正团聚。

在研制舰艇的几十年里，潘镜芙一直跟战舰紧密地联系在一起。他在设计舰艇时，不仅考虑舰艇本身的技术价值，还时刻惦记着以舰船为家的战士们，极力地想要为他们营造一个舒适温馨的环境。

过去设计的苏式舰艇，给人的感觉就是居室拥挤、通道狭窄、夹板层低矮，机器的噪声和高温的环境，让人感觉很不舒服。可潘镜芙设计的新型导弹驱逐舰，每个舱室都有真空处理厕所，房间明亮，空调冬暖夏凉，舱室里还有健身房、学习室、电视室，现代化的生活设施一应俱全。他说："搞了一辈子的海军装备，我最牵挂的是海军官兵们。官兵在舰上生活得舒心，才更有精力提高训练质量。"

这就是"中国导弹驱逐舰之父"潘镜芙院士，他不仅是一位心系祖国的伟大科学家，更是一位充满人文情怀的"父亲"，一生都在精益求精地铸造大国战舰，我们当向这位走在世界造船大国强国路上的大师致敬。

刘先林 | 匠心 60 年，只为精益求精

● 高铁二等座最高贵的乘客

2017 年的时候，有一张"书桌"在网络上走红。

那个书桌有什么特别之处呢？不是什么值钱的木材所制，也没有花哨的设计，有的只是一道道划痕，甚至有一整片已经露出了黄黄的木色。这样的一张桌子被人称作是最"美"的书桌，因为它的主人，是中国测绘科学研究院名誉院长，中国工程院首批院士刘先林。

刘先林是谁？大概有很多人都不曾听过，可是没关系，网络上还有一张走红的照片，就是在高铁二等座上，赤脚穿布鞋，身着普通的白色短袖衬衫，拿着一张展开图工作的白发老人，那就是刘先林院士的照片。

后来，在媒体的追问下，中国测绘科学研究院发布了一个简短声明，声明中介绍了刘先林与其工作团队乘坐高铁，并在车上工作的原委，同时替刘院士婉拒了媒体的采访。尽管如此，人们还是不

禁会思考和追问——

一位 78 岁的古稀老人，为何还在奔波的旅途中工作？

他拥有院士的头衔和荣誉，为何衣着如此简朴？

他投入了毕生精力去坚持的科学，研究的到底是什么？

● 追求极致的大国工匠

刘先林，1939 年 4 月 19 日出生，河北无极县人。1962 年，他从武汉测绘学院毕业；1987 年，成为国家测绘局测绘科学研究所教授级工程师；1994 年当选为中国工程院首批院士。在从事测绘仪器研发的 60 年里，他用精益求精的工匠精神，把"量尺"做到了极致，把中国测绘仪器的水平推进到国际领先地位。

他曾经用很少的科研经费，取得了一系列重大科研成果，填补了多项国内空白，为国家节省资金 2 亿多元，创汇 1000 多万元。他说："测绘工作最直观的体现就是大家手机里使用的地图，而他的工作就是把地球搬回家。"

1963 年，刘先林提出的解析辐射三角测量方法，是中国人发明的首次写入规范的方法。他获得的奖项有很多，研制成功的数控测图仪获国家测绘总局一等奖；正射投影仪及与之配套的程序，获 1985 年国家科技进步奖三等奖；解析测图仪成为全国各省市生产大比例尺地图的主流仪器，获 1992 年国家科技进步奖一等奖……这些科研成果都产生了巨大的经济和社会效益，为我的航测事业做出了突出的贡献。

在此之前，测绘仪器市场都属于半垄断的性质，国内没有相关的品牌，国际品牌似乎也达成了某种共识，相关设备的价格一直很高，而国内相关部门又需要用，只能高价买入。刘先林的脾气很好，可他无法容忍"国外落后的测绘技术高价卖到中国"，发誓要打破中国先进测绘仪器全部依赖进口的历史。

刘先林做到了，他率领团队研发出的 SSW 车载激光建模测量系统，在世界上都处于绝对领先地位，其后期处理的绝对精度可达 5 厘米，1 千米数据的处理时间只需要 5 分钟，可以提取多达 50 种城市地物要素分类，而国外同类产品即便只提取一种地物要素，也需要半个小时。

刘先林带给中国测绘领域引领性的突破与颠覆，两次荣获国家科技进步一等奖，即使逐渐老迈，也依然在不断创新。他这样形容科研工作："搞科研，苦，实现成果转化，更苦更难。但是把技术应用起来，才是科研成果，不能置于一边、锁在抽屉里。""科研工作就是需要工匠精神，更需要不断创新，成果就是需要经过多年的研究实践，这样才能经得起考验，实际发挥作用。"

● 院士的"人间烟火"

关于高铁二等座的那张照片，中国测绘科学研究院的相关负责人在接受采访时说，刘院士出差本可以乘坐高铁一等座，但因为其他人员不能坐一等座，为了方便交流，他通常都会跟大家一起乘坐二等座。

在火车上工作，对于刘院士来说是常态。

在平日的工作和生活中，刘院士一直很朴素，很节俭，能省则省。他作为院士，且年事已高，本应该享受专职司机的待遇，但他拒绝为他专门配备司机，一直坚持自己开车上下班，他说："多给我配一个司机，就要多花一笔钱，这些钱可以用来搞科研。"

刘院士经常会到其他单位授课、指导研究，但他拒绝收兼职薪水，每次都会劝科研单位收回给他的酬劳，添置在科研项目上，他时刻都在想着为祖国的科研工作奉献，从来不计较个人的利益得失。刘先林不看重论文、不关注专利，不单纯追求填补行业空白，他所有的创新成果没有一个躺在文件柜，全部在实际中得到了应用，转化为现实生产力。他也不看重钱，把自己在一个大学里的兼职费用大部分都给了学生作为奖学金，或是给先进教师做补贴。

刘院士说，他不愿意在买东西上花费太多时间。"如果自己去商场，第一眼看见什么，就买什么，大小合适就行。"他比较倾向于自动化较高的东西，经常逛电器商场，购买各种电器、砂锅、电饭煲，目的就是有效地节省时间。

不仅如此，在科研经费方面，刘院士也很节俭。第一个获得国家科技进步一等奖的项目用了 83 万；第二个获得国家科技进步一等奖的项目只用了 35 万。有人问他，究竟是怎么做到的？他说："第一个秘诀是把钱花在刀刃上，第二个秘诀就是自己往里面添钱。"

生活中的刘院士，会亲自接孙子放学、买菜，中午回家给老伴儿做饭，玩微信、刷朋友圈，跟普通的老人没什么不同。他总是不自觉地提到自己的爱人："我能明白，人老了，一个人在家的时间是很寂寞很难熬的。"为此，他尽量多陪她、多照顾她，还说自己已经提交了退休报告，希望退休后多陪老伴儿出去走走，长期忙于工作，陪伴她的时间太少了。

问及刘院士有什么爱好？他想了想，说自己最热衷的就是测绘，就是科研工作。但他说，退休后就做一些小事，要把大的天地留给团队的年轻人。提到从事科研工作的真实感悟，以及对大国工匠精神的深刻理解，他是这样说的："既要动脑，也要动手，要做到实实在在的贡献，做有用的科研，把艰苦奋斗、不怕苦不怕累、敢于创新的精神传递给年轻人。"

钟 扬 | 在生命禁区，盘点植物家底

● 心怀家国的"善梦者"

"我有许多梦想，它们都在遥远的地方，为了梦想，我独自远航。"

说这番话的人，名叫钟扬。1979 年，15 岁的钟扬考入中科大少年班。从无线电专业毕业后，他进入中科院武汉植物所工作，开始从事植物学研究。他天资聪颖，勤奋好学，二十几岁就成了当时国内植物学领域的青年先锋。

没有一份成功是随随便便得来的，荣光的背后是超乎寻常的坚持与勤奋。钟扬曾经风趣地说自己做科研有"新四不像"精神："像狗一样灵敏的嗅觉，把握前沿；像兔子一样迅速，立即行动；像猪一样放松的心态，不怕失败；最后也是最重要的，像牛一样的勤劳，坚持不懈。"听起来像是调侃，实则是他一直在践行的标准。

2000 年，钟扬放弃了武汉植物所副所长的岗位，到复旦大学担任教授。他把名利和职位看得很轻，考虑得更多的是社会、国家，关

注的不只是眼下，还有长远的未来。到了复旦之后，他跟学院的几位老师一起承担起重建生态学科的使命。他愈发意识到：人类活动和环境的不断变化，许多物种都在消失，保存种质资源已经成了一项基础性、战略性的工作。

就是从那时起，钟扬的心里萌生了一个梦：要为国家打造生态屏障，建立起青藏高原特有植物的"基因库"。

● 盘点世界屋脊的生物家底

2001 年，钟扬第一次来到西藏。当时，他只是和同事一起野外考察，谁知，此后的 16 年，他的工作重点都没有离开这片土地。

他是为种子而来的。青藏高原是我国最大的生物"基因库"，有1000 多种特有的种子植物，只是高寒艰险、环境恶劣，很少有植物学家会涉足这里，也从来没有人盘点过这个世界屋脊的生物"家底"。

身为植物学家的钟扬，自然懂得种子的重要意义，它能为人类提供水果、粮食、青蒿素等。大家熟知的袁隆平先生，就是在海南岛发现了一种叫作野稗的野生稻子资源，之后通过反复的选育，最终得到杂交水稻，带来了农业上堪称革命的变革。

青藏高原是国际生物多样性的热点地区，到这样的地方去收集种子，有它的特殊意义。钟扬曾经说过："十年前，即使在全世界最大的种子资源库里，也没有西藏地区的植物种子。"

西藏的面积占全国的 1/7，可它的植物在科的等级占到了 32%，在属的等级占到了 38%，超过了 1/3。青藏高原共有将近 6000 个高等植物物种，即可以结种子的占到全国的 18%。更重要的是，其中有 1000 个左右是只有在西藏才有的植物，我们把它称为特有种。不仅数量大，而且质量非常好。

正因如此，钟扬才要投身于收集种子的事业。他知道，这是关系到人类未来生存，以及医药发展的重大事项。为了西藏巨柏的种子，他和藏族博士扎西次仁曾经在雅鲁藏布江两岸，给每一棵巨柏登记，花费了三年多的时间，把世界上仅存的 3 万棵巨柏全部登记在册。

十几年下来，钟扬和同事收集了 4000 多万颗种子，占西藏全部物种的 1/5。他得意地表示，未来十年，也许还能再完成 1/5，二十年下来就能把西藏的种子库收集到 3/4，可能再用三十年就能全部收集完！

● 协助新人找到科研者的使命

钟扬在复旦大学任教 17 年，培养了 80 多位研究生。他的生物信息学课，是生科院最受欢迎的课。他坚持有教无类、因材施教，根据每位学生的特点进行针对性的培养。对于基础比较薄弱、研究没有方向，甚至毕业困难的学生，他最后都会收到自己名下，悉心指导。神奇的是，这些学生最后都顺利地毕业了。

青藏高原科研环境艰苦，正因如此钟扬才意识到，要把青藏高原生物多样性和生态屏障的研究延续下去，不能光靠自己。这片神奇的土地，需要的不仅仅是一位生物学家，更需要一位教育工作者，将科学研究的种子播撒在藏族学生的心中，这才是更有意义的选择。

援藏期间，钟扬帮助西藏大学完成了第一个中国国家自然科学基金申请，西藏大学植物学一级学科硕士学位授予点也得到了批准。在钟扬的带领下，从 2001 年开始，西藏大学的植物学研究已初具规模，拥有了植物学博士生导师 1 名，副教授 4 名，讲师 5 名，多数老师都具备国外学习和研究工作的经历。

钟扬很简朴，身穿的牛仔裤不过价值 30 块钱，一双开胶的鞋子陪他走了很多路，身上背的包也已经开线脱色。然而，对科研工作，他却很慷慨，曾经个人出资发起了"西藏大学学生走出雪域看内地"活动，组织了 80 多名学生到上海学习。他还帮助西藏大学的老师申报中国国家级自然科学基金项目，无论申报是否成功，他都会补助老师 2000 块钱，用来支付申报过程中的费用。

这些年来，钟扬自己出资帮扶师生的钱，至少有几十万元；这些年来，他带领团队采样的足迹，遍布西藏最偏远、最艰苦、最荒芜的地区。无论多么危险，多么困难，只要对研究有益处，他就一往无前。

有一次，他带着学生去采集高山雪莲。当他们从海拔 5200 米的珠峰大本营出发，向更高的山地挺进时，不料钟扬出现了严重的高原反应。大家建议他在帐篷里等，他却说："我最清楚植物的情况，我不去的话，你们更难找。你们能爬，我也能爬。"最后，他们终于在海拔 6000 多米的珠穆朗玛峰北坡采集到了鼠曲雪兔子，它被认为是生长在海拔最高处的种子植物。

在西藏的 16 年间，钟扬为了培养西藏人才倾注了全部的心血，为西藏生态学的未来发展奠定了坚实的基础。2015 年，钟扬突发脑溢血，死里逃生苏醒后，医生和亲友、同事都劝他停止援藏的工作。可是，钟扬却再次向组织递交了继续担任援藏干部的申请书。

钟扬说过："环境越恶劣的地方，生命力越顽强。"在周围人眼中，他就如同青藏高原的藏波罗花，深深扎根，顽强绽放。他把最宝贵的时光，献给了祖国最需要的地方，填补了西藏高等教育的空白，放飞了科研的梦想，成为雪域高原的精神坐标。

● 如同一颗种子回归大地

2017 年 9 月 26 日，对银川的绝大多数居民来说，这是一个再平常不过的日子。可在这一天里，全国多地飞往银川的飞机上都坐满了乘客，从上海起飞的航班甚至连头等舱的票都很难买到。他们都是奔着同一个人去的，这个人就是钟扬。

就在 9 月 25 日凌晨，那位可爱可敬的复旦生命科学院教授、植物学家钟扬，在内蒙古鄂尔多斯市出差的途中遭遇车祸，不幸离世，终年 53 岁。他的追悼会，就在宁夏银川举行，这些人都是来与钟扬做最后的告别的。

钟扬生前留下过这样一段话："任何生命都有结束的一天，但我毫不畏惧。因为我的学生，会将科学探索之路延续；而我们采集的种子，也许在几百年后的某一天生根发芽，到那时，不知会完成多少人的梦想……"

钟扬去世后，曾有学生在网上直言："他做到这个成绩了，已经可以坐在办公室里，指导着手下一批人干活了"。可现实中的他，却偏偏是"身居高位，依旧愿意去吃最苦的苦"。他生前留下的话中，散落着许多与国家、人类命运有关的句子："只要国家需要、人类需要，再艰苦的科研也要去做。""一个基因可以拯救一个国家，一粒种子可以造福万千苍生。"其实，他做的很多工作都是难以量化的，无论是到西藏收集种子，还是在上海海边种植红树林，一切都是出于理想，而非私心。

长期的高原生活和超强的工作量，导致钟扬出现心脏肥大、血管脆弱等种种症状，每分钟心跳只有 40 多下。医生多次向他发出警告：不适合再进藏工作！但他还是一次次踏上了进藏的路，连续申请成为中组部第六、七、八批援藏干部。钟扬的妻子张晓艳也说："他真的是在拼搏、玩命，这些年身体透支、心率已经低到临界点，自己和家人一直劝他不要那么拼命，可他却说这个事情总要有人做。"

钟扬一生的故事，就是种子的故事。现在，他走了，如同一颗种子回归大地。但我们相信，那颗叫作"钟扬"的种子，必将会生根发芽、滋养大地，伴随着一代又一代的植物界科研人，一路追梦，一路前行，一路奋进！

黄大年 | 海归赤子，用生命叩开地球之门

● 出身贫寒，位卑未敢忘忧国

他有一个朴实的名字——黄大年，1958 年出生在广西南宁市的一个知识分子家庭。

8 岁那年，黄大年跟随父母下放到偏僻的山村，那时的他就对科学知识怀有深深的渴望。高中时，他又跟随父母来到广西贵港市，以出色的成绩考入贵港中学，开始了寄读生活。高中毕业后，17 岁的他到地质队参加工作，因灵敏好学、成绩优秀，被挑选为物探操作员，那是他第一次接触航空地球物理。

当时的工作是有很大风险的，为了采集数据，进行有人机操作，一些同事不幸牺牲，黄大年额头上也留下了疤痕。1977 年，国家恢复高考，黄大年得知这个消息时，距离高考只有 3 个月的时间。他白天翻山越岭地忙勘探，晚上点灯熬夜拼高考。

高考前一天，黄大年走了将近一天的山路，才赶到数十公里外的

广西容县考场。他被分配在外来社会人员考场，18 岁的他是那个考场中年纪最小的。考到最后一科的时候，考场里就只剩下了 10 个人。监考老师是一位头发苍白的老者，他不时地走到黄大年身边看他的答卷。考试结束后，他握着黄大年的手说："你一定是整个考场最好的考生。"

正如那位老师所言，黄大年考出了该考场第一名的成绩，并以超出录取线 80 分的成绩进入长春地质学院（现吉林大学朝阳校区）。进入大学之后，黄大年在学习上依旧刻苦，以优异成绩完成本科和硕士学业，毕业后留校任教。

梁启超曾写下：少年智则国智，少年强则国强。纵有千古，横有八荒。前途似海，来日方长……这些特质充分体现在了黄大年身上。年轻的黄大年，早有爱国报国的远大志向。他 1988 年被批准入党，在其志愿书里有这样一段话："人的生命相对历史的长河不过是短暂的一现，随波逐流只能是枉自一生，若能做一朵小小的浪花奔腾，呼啸加入献身者的滚滚洪流中推动历史向前发展，我觉得这才是一生中最值得骄傲和自豪的事情。"

那时的黄大年，就已经有了"位卑未敢忘忧国"的情怀。

● 越洋求学，归来后至诚报国

1992 年，黄大年获得"中英友好奖学金项目"的全额资助，被选送到英国攻读博士学位。当时，国家公派出国的留学生只有 30 人。

在英国苦读期间，黄大年接触到了世界地球物理科学最前端的信息。回国半年后，他再次被派往英国深造。

1996 年，黄大年以第一名的成绩荣获英国利兹大学地球物理学博士学位。学成之后，黄大年先是回到祖国，但很快又被派往英国继续从事针对水下隐伏目标和深水油气的高精度探测技术研究工作。他在英国剑桥 ARKeX 航空地球物理公司任高级研究员。

1997 年，黄大年已通过努力成为世界航空地球物理研究领域的引领者。为了掌握世界最前沿的技术，也为了工作需要，他加入了英国国籍，根据党员管理有关规定，他因此失去了中国共产党党籍。然而，黄大年的心里一直惦念着祖国。

2009 年年底，黄大年听到祖国的召唤——国家启动"千人计划"，51 岁的他当即决定回国，同事们的含泪挽留、妻子卖掉诊所后的眼泪、女儿独在异乡的孤独，都没有让他停下归国的脚步。

回忆起当时的情景，他说："离开伦敦更像是一场落荒而逃，诊所里的药堆满了车库，车都扔在了停车场，什么都不管了。必须立刻走，我怕再多待一天都有可能改变主意。对我而言，我从未和祖国分开过，回国的根源就是情结问题，我惦记着养育我成长的这片土地。"

黄大年选择到母校吉林大学做全职教授，负责"深部探测关键仪器装备研制与实验项目"及相关领域科研攻关，引领中国科学家冲入"深地时代"。在他的带领下，400 多名科学家创造了多项"中国第一"，为我国"巡天探地潜海"填补了技术空白。

作为战略科学家，黄大年高瞻远瞩，推动成立吉林大学移动平台探测技术研发中心，以航空重力梯度仪为核心，建立立体探测系统。回国仅半年多的时间，他就统筹各方面的力量，绘制了一幅宏伟的新兴交叉学科蓝图。

● 无私忘我，学界的一股清流

跟黄大年接触过的人，都说他像红烛，燃尽自己，却给周围带来光明和希望。

黄大年惜时如命，他的办公室墙面上有一张特别大的日程表，上面写满了他的安排：赴西北地区指导地方科技建设、教育部"长江学者"评审……他说："我活一天赚一天，哪天倒下，就地掩埋。"正因为此，周围人给他起了一个"拼命黄郎"的绰号。

黄大年对科研的要求近乎苛刻。有一次，学科带头人在答辩上疏忽大意，他当即把手机摔在地上，说："人浮于事，这样搞下去，中国会赶不上！"

他不求私利、无私忘我，始终把科学放在第一位。作为国家多个技术攻关项目的首席专家，黄大年经手的项目经费有数亿元。如何来分配这些钱，他是最有发言权的人。可是，当有跟他相熟的专家来要经费时，他却说："在科学上，我没有对手，也没有朋友。"

对科研严肃谨慎，对学生却很慈爱。他总说："作为老师，不能亏待孩子，不能耽误人才。"他像父亲一样呵护着学生。2010 年，他接受了吉林大学首个本科"李四光试验班"班主任的职务，他用自己的"千人计划"科研经费为全班 24 名学生每人配备了一台电脑，其目的就是"要让孩子们了解国际最先进的技术，必须配好装备。"

炎炎夏季，他让妻子给学生们熬绿豆汤；雾霾天气，他给学生们准备口罩；科研的平台在最顶层，冬冷夏热，他给每个房间都配备了电风扇和电暖气；有学生丢了钱包，担心学生的生活问题，他就帮学生掏生活费；学生的母亲罹患疾病，他得知情况后，毫不犹豫地伸出援手，不仅提供经济帮助，还热心地帮忙联系医生。

黄大年几乎是夜以继日地工作，同事回忆说，他经常没时间吃饭，用咖啡"撑着"去开会。他经常提醒学生不要熬夜，自己却经常熬通宵。有一次，学生们为庆祝节日包饺子，拍照片给黄大年，他说自己在机场一天都没吃饭了，看着饺子好馋。

每个月有一半的时间，黄大年都在出差，简直就是"空中飞人"。他总是赶夜里的最后一班飞机，想把更多的时间留下来处理问题。清华大学副校长、中科院院士施一公说："他是最单纯的赤胆忠心的海归科学家。"

● 逝如秋叶，神州大地永铭传

2016 年 11 月 28 日晚，黄大年在北京飞往成都最晚的那趟航班上昏厥了。其实，在此之前他已有多次昏倒在办公室，每次都是靠速效救心丸急救，这些只有他身边的几个人知道。就在大家正为他的身体忧心时，没想到更糟糕的情况还是出现了。

黄大年被紧急送往医院，医生检查时发现，他紧紧地抱着怀里的电脑。醒过来后的第一件事，就是对护理者说："如果我不行了，请把电脑交给国家，里面的研究资料很重要。"情况刚有好转，他就赶紧逃出医院，说："第二天的会太重要了。"

12月4日，黄大年被科研助手"逼"着到医院做了增强核磁检查。做完检查后，还没等结果出来，他又匆匆去北京开会。12月6日晚9点半，黄大年回到长春，7日一早，他就接到了医院的死"命令"。医院的态度之所以这么强硬，是因为他前几天的那次检查结果很不乐观，疑似肿瘤。

12月9日，黄大年早上到医院做检查，妻子和他带的两个博士生陪同。做完检查后，黄大年在病床上打点滴，护士刚走，他就把学生叫过来："那天你问我的问题，我给你讲解下。"他在病床上盘起腿，不顾静脉上的预留针，开始给学生讲课。另一个学生见此情景，内心觉得既感动又心酸，忍不住拿出手机拍下了一张照片。谁会想到，那张照片竟会成为黄大年为学生讲课的最后影像记录。

12月10日，医生告诉黄大年，怀疑他有结石或肌瘤，需要做一个手术。实际上，吉林大学第一医院的专家们已经进一步检查证实，黄大年罹患胆管癌。

12月13日20时，距离手术还有16个小时，黄大年在朋友圈写下了这样一段文字："人生的战场无所不在，很难说哪个最重要。无论什么样的战斗都有一个共性——大战前夕最寂静，静得像平安夜。"黄大年提醒在职场打拼的人们，事业重要，生活和家庭同样重要，但健康更重要。同时，他也向妻子表示深深的歉意。

手术后，黄大年的病情不断反复，学生们轮班护理他。即使被病痛折磨得万分憔悴，可他还是认真地与学生探讨问题。2017年1月4日，黄大年内脏大出血，情况危急，被送进抢救室。1月8日，黄大年带着无限的眷恋和不舍，永远地离开了这个世界。

生如夏花之绚烂，逝如秋叶之静美。黄大年短暂的生命犹如夜空中划过的流星，燃尽了自己，却照亮了未来，凄美得像童话。然而，他的精神，却像苍穹中永恒的星光，指引人们走进那无尽的期冀和梦想，在神州大地永远铭传。

中篇

前赴后继的铁血军魂

张　超｜逐梦海天间，光影定格永恒

● 生死瞬间，放弃自救保战机

2019 年 1 月 2 日，一位老父亲拿着手机品读习近平总书记的新年贺词："我特别要提到一些闪亮的名字。今年，天上多了颗'南仁东星'，全军英模挂像里多了林俊德和张超两位同志……他们是新时代最可爱的人，永远值得我们怀念和学习……"

老人的脸上露出了宽慰的笑容，因为全军英模挂像张超，正是他的儿子。他把贺词读了一遍又一遍之后，激动地说："党和国家没有忘记他，还把他的名字列入了新年贺词中。儿子的目标就是为实现国家强大、民族复兴而奋斗。他通过自己的努力，得到了战友、首长的肯定，我为他感到自豪！"

儿子做出了成绩，得到了各界的认可，父亲为之骄傲自在情理之中。可是，老人宽慰的笑容背后，却还藏着一抹难以言表的心酸，因为他心爱的儿子张超，在 2016 年 4 月 27 日那天，永远地离开了他，离开了这个世界。

张超，1986年8月出生，2004年9月考入空军航空大学并入伍。2009年，成为海军某舰载航空兵部队一级飞行员。2016年4月27日的中午，他驾驶歼-15飞机进行陆基模拟着舰训练。那是当天最后一架次飞行，同一批次的4架飞机已有3架顺利着陆。仪器显示，张超的这次着陆非常完美，前一架着陆的飞机在滑向机库时，也收到了最后一架飞机平稳降落的消息。

可就在12点59分12秒，事故突然发生了。无线电里传来故障报警，飞机瞬间出现了电传故障，这就如同开车时方向盘突然失灵。接下来，机头急速上仰，飞机瞬间离开地面，冲了出去。12点59分17秒，就是在发出故障报警信号的4秒多以后，塔台指挥员发出"跳伞"的命令，可就在指挥员下达命令的同一瞬间，张超从座舱弹射出来。可是，弹射的高度太低了，角度也不太理想，主伞没有办法打开，座椅也没有办法分离，张超从空中跌落。

飞参记录显示，从战机报警到跳伞离机的4.4秒里，张超始终在做一个动作，那就是全力推杆到底，制止机头上扬。歼-15战机系统高度集成，在发生电传故障的第一时间，跳伞才是最好的选择。可是，在生死瞬间，张超为了避免战机损毁，没有把求生当成第一选择，而是尽全力去保住战机，错过了自救的最佳时机。

● 迎难而上，挑战"刀尖上的舞蹈"

2012年9月，中国第一艘航母"辽宁舰"交付海军。两个月后，戴明盟驾驶歼-15战机第一次在辽宁舰上成功起降，开启了我国的航母时代。要让航母形成强大的战斗力，必须熟练掌握舰载机上舰飞行，并且需要尽快培养出一批成熟的舰载机飞行员。

舰载机上舰飞行，在世界上都算风险最高的，它被比喻成"刀尖上的舞蹈"。航母飞行甲板跑道不到陆地机场的十分之一，飞行员在高空上看到的飞行甲板，就像是大海上漂浮的树叶。

戴明盟说："有一个数据，说舰载机飞行尤其是固定翼舰载飞行，风险是航天员飞行的五倍，一般战机飞行的二十倍，但这个数据怎么算出来的，我不知道，但风险肯定比一般的职业都要高。"

殉职时不足30岁的张超，就是我国海军超常规培养的航舰飞行员之一，也是我国舰载飞行员中最年轻的一位。截止到他出事那天，他一共飞过八种机型，这在年轻第三代机飞行员中是很少见的。当时，他已经完成了舰载战斗机陆基模拟训练的大多数训练课目，再过一段时间，他就要在我国首艘航空母舰辽宁舰上进行起降飞行。

很多人不禁问道：年纪轻轻的张超，为何会被选中呢？这还要从他的三段人生经历说起，正是因为这些经历，才让戴明盟注意到了他，并亲自面试，将他选到这支舰载机部队。

张超有两位哥哥，都在幼年时夭折，作为家里的独子，他没有选择陪伴在父母身边，毅然决然地招飞入伍。从航校毕业后，他本可以留校任教，但他选择了到更有挑战性，也更为艰苦的基层作战部队。2015年初，全军选拔第三批舰载飞行员时，张超已经成家生子，可他还是选择主动报名，加入风险更大的舰载航空兵部队。

就是张超这不同寻常的三大人生选择，打动了戴明盟，他很看好这个兵，而这个兵也一直没有让他失望。在张超出事后被送进医院之际，医生把最终的检查片子拿给戴明盟，这位经历过多次空中突发险情的英雄试飞员，没有勇气去看一眼。他不是害怕，而是心疼。

● 逐梦海天的强军先锋

张超殉职之后，中央军委主席习近平签署命令追授张超"逐梦海天的强军先锋"荣誉称号。2018 年 4 月，海军政治工作部批准其为革命烈士。2018 年 9 月，中央军委批准增加张超为全军挂像英模。

一个飞行员对飞机的感情，是普通人难以理解的。飞行员驾驶战鹰，彼此间就像是亲兄弟。在遇到这样的故障时，飞行员的第一反应肯定是挽救飞机，挽救国家的财产。中央军委委员、海军司令员吴胜利含泪挥笔："张超烈士先进事迹感人、催人奋进，他是为人民海军航母舰载机事业牺牲的第一位英烈，我们将永远缅怀他，并誓将他未竟事业进行到底。"

在关键的 4.4 秒，国家失去了一位优秀的飞行员，父亲失去了一个心爱的儿子，妻子失去了一个挚爱的丈夫，孩子失去了一个伟岸的父亲。可恰如感动中国给予张超的颁奖词所言："那四点四秒，祖国失去了优秀的儿子，你循着英雄的传奇而来，向着大海的方向去降落。你对准航母的跑道，再次起飞，你是战友的航标！"

英雄远去，精神不朽。

杨业功 | 未曾请缨提旅，已是鞠躬尽瘁

● 军中"焦裕禄"，人民的公仆

"铸就长缨锐旅，锻造导弹雄师。他用尺子丈量自己的工作，用读秒计算自己的生命。未曾请缨提旅，已是鞠躬尽瘁。天下虽安，忘战必危，他是中国军人一面不倒的旗帜！"

41 年的军旅生涯，从东南到西北，他把心血洒在祖国的山山水水；从士兵到将军，从一名农家子弟到党的高级干部，他把生命和忠诚给了党和人民。他，就是为我军现代化事业建立突出功绩的高级军事指挥员、第二炮兵某基地原司令员——杨业功。

1963 年 8 月，杨业功从湖北省应征入伍，1966 年 2 月加入中国共产党，历任战士、班长、排长、参谋、作训处长、旅长、基地副参谋长、副司令员、司令员等职。入伍 40 多年，他时刻不忘军人的神圣使命，创先争优，尤其是在走上基地领导的工作岗位后，更是殚精竭虑、忘我工作，为部队现代化建设和军事斗争准备倾尽心血，做出

了突出的业绩，先后荣立二等功一次、三等功两次。

杨业功是从湖北农村走出来的，小时候家里条件很苦，这段难忘的经历，让他在后来的人生中一直保持着农民后代的勤俭本色。他平时不抽烟、不喝酒，生活的标准很低，唯独对工作的要求很高。他家里的住房十几年从未装修过，用的全是一些老旧的家具，睡的床是用四个大箱子拼成的，那是30年前他担任某团副参谋长的时候自己设计的；当旅长时买的沙发，他一直用了十几年；那一张小方桌的油漆已经脱落，家里来的人一多，还要到外面去找凳子。

他曾经对自己的儿子杨波涛说："当了将军，我还是农民的儿子；权力是人民赋予我的，我没有任何特权。"在儿子入伍时，他反复叮嘱："要到最艰苦的基层去，不要因为有我而谋求任何特殊关照。"不仅如此，他还与家人和身边的工作人员"约法三章"："不许干预我的工作，不许享受特权，不许收受任何钱物好处。"

杨业功当司令员的几年里，多半时间都是在勘察阵地、执行任务、参加会议，经常跟他一起出行的人，都能讲出几件杨司令员换房间的事。

2000年，他参加一个战备工作会议，主办单位考虑到他级别较高，就安排了一个条件比较好的套房，可他到达之后，立刻就找到工作人员要求把套房换成单间。在一阵推让后，随行的一位旅长见对方盛情难却，就悄悄地对他说："司令员，你就住下吧，反正是他们花钱接待。"

听到这话，杨业功就有些不高兴了，他严肃地说："他们出钱和我们出钱有什么区别？花谁的钱还不是花人民的钱？就是睡睡觉，我有一个单间足矣。"最后，大家只好把杨司令员的行李搬到了一个普通的单间。

杨业功一生非常简朴，在他的衣柜里，找不到什么高级的衣服，很多内衣还打着补丁。有一件秋衣穿了18年都舍不得扔。在一次采访中，二炮培训中心的一位理疗师讲述了一段杨业功的往事。

那是一个秋天，杨业功到北京参加一个读书班学习，由于颈椎不好，就请这位理疗师为自己做推拿。在做推拿时，理疗师发现司令员竟然还穿着一条洗得褪了色的旧衬裤，更让他难以置信的是，衬裤上已经有好几个补丁，连松紧带都断了。

理疗师对杨司令员说："首长，你咋把衣服穿成这样了还不扔呢？像你这样的内衣，我们小战士都不穿了，你还是换条新的算了。"杨司令员一笑，说道："旧衣服，穿惯了，很贴身，也有感情。"后来，理疗师到外面给杨业功换了一条新的松紧带，而杨司令员非要把3块钱塞给对方。

杨司令员下基层，从来都不喜欢前呼后拥地陪同，更不喜欢铺张浪费。他对基层的要求就是"禁酒减菜少陪同"。此外，他还倡导在基地开展治理，下发文件规范基层接待机关工作组的具体事项。

有一次，他到某旅检查工作，反复叮嘱招待所准备午餐的同志：四菜一汤即可。可负责的后勤助理出于热情，还是准备了丰盛的饭菜。吃饭的时候，杨司令员很不高兴。开饭一会儿后，招待员端着第七道菜进了屋，杨业功把筷子放下，说："你们以为我是在讲客套吗？定了标准就一定要执行，你们怎么可以坏了规矩？"最后，杨业功让他们把多的菜全部端给了招待所的炊事员和招待员。

很多人都避讳家中存款的问题，可杨业功却敢向官兵亮自己的"家底"："我家四口人都拿工资，我月收入3000多元，家庭月收入6000多元，总存款年年上升，已经达到30万元，属于较高收入水平的小康家庭。"2003年，躺在病床上的他，向组织写出最后一份述职报告，并公布说明了自己的收入和财产情况。杨业功曾多次对人讲："我在部队花钱的地方不多。乘车、医疗公家保障，吃饭、住房自己的工资足够了，钱够用就行，多了就是累赘。"

宁可清贫自乐，不可浊富多忧。这，就是杨业功简朴一生的写照。

● 毕生铸"神剑"，奋力谋"打赢"

作为第二炮兵某基地的司令员，杨业功把他所有的精力乃至生命，都无私地奉献给了为国锻造和平盾牌的事业。从一名普通的战士，成长为我国战略导弹部队的杰出军事指挥员，在41年的军旅生涯中，杨业功可谓是倾注了自己所有的热情。

是什么支撑着杨业功做到如此敬业？是内心的信仰！他始终牢记着一个共产党员的崇高职责，始终牢记着一名当代军人的神圣使命。在他心目中，没有什么比国家安全和统一更重要。就像他自己所说："使命高于生命，责任重于泰山。"

带着这份强烈的使命感与责任感，他一直保持着临战的姿态、实战的标准和"倒计时"的紧迫感，努力打造让党和人民放心的新型战略导弹部队。他知道，作为一名军人，如果打不赢未来的战争，那就无法向党和人民交代。他所有的心思都放在了"打赢"这个目标上，尽管身份是一位将军，可他言行却像一位冲锋的战士，始终战斗在第一线，每年穿越崇山峻岭蹲基层、跑阵地的时间占三分之一，行程超过十万公里。

杨业功深知，天下虽安，忘战必危，而战争从来不青睐弱者。如果履行不好打赢的使命，就会成为"千古罪人"。所以，他的家里常年放着两个随时准备出发的旅行包：一个装满了军服、军鞋和日用品；一个装满了军事书籍、军事地图和办公用品。军人的忧患意识，让他从来不会被眼前的和平安逸所麻痹，从不让歌舞升平的生活消磨自己的斗志。

如果每一位军人，每一位党员，每一位领导干部，乃至每一位普通人，都能像杨业功一样牢记自己的责任，不辱使命，在平凡的岗位上努力奋斗，以大局为出发点，个人的生命价值一定会在为事业的奋斗中彰显光芒。

● 廉洁自律，自诩"清贫的富翁"

杨业功曾经在一篇文章里写过这样的话："一个人的欲望如果只是追求金钱，他便永远得不到满足；而得不到满足便永远不会快乐。我没有很多钱，但我也有很多钱买不到的东西。"

从这番话里，我们感受到的，不仅是一位枕戈待旦的战将，还是一位散发着清风正气的廉将。身为军队里的高级将领，杨业功经常自称"清贫的富翁"。从前面的生活写照里，我们已经看到了他的勤俭节约，而他更为人所敬重的地方，是他在权力支配上的廉洁自律。

1987年10月，杨业功调任某导弹旅长，从就职的那天起，他就自书"携礼莫入"四个字贴在自家的门楣上，用来约束自己，警示他人。1988年春节前夕，该旅的不少官兵都想登门拜访一下杨业功，但很多人都因为"携礼莫入"四个字望而却步了。一名发射连长以为，这不过是领导做做样子，用来表现自己的清廉形象，就提着从老家带来的一些山珍特产贸然敲开了杨业功的家门。

"你是连长？"杨业功问。

"是的。"对方回答。

杨业功拉着连长来到门口，说："看到这四个字了吧？给你一次选择的机会。如果你不认识这些字，说明你不能胜任连长之职，我会撤了你；如果你认识这些字，那就说明你明知故犯，我要批评你，你得承认自己的错误。"这一番话羞得那位连长满脸通红，连声说："旅长，我错了……"而后，拿着山珍离开了。

在杨业功看来，拘礼不分亲疏，无论是官兵战士，还是相交多年的朋友，送礼就是违规。基地所属部队的一名旅领导和杨业功私交甚好，经常一起聊天、谈论工作。有一年春节，这名旅领导趁着到基地开会的机会，顺便带了几袋山货给他。刚巧杨业功不在家，他的妻子说什么都不肯收下，对方无奈地说："嫂子，这点儿山货加起来都不到100块钱，司令员要批评，我跟他解释。"

当天晚上，杨业功回到家后，得知事情的原委，生气地批评了妻子，又把电话打到旅里，对这位旅领导兼朋友说："你来看我，我不反对，但要带东西来，我就不欢迎，你可不能带头违规呀！"三天后，杨司令员下部队检查，把土特产原封不动地退还给了那位旅领导。

提到权力，很多人就会联想到利益，可在杨业功的身上，权力只跟责任有关，无关名利。他一直认为，领导自身严，廉政标准高，就能底气足，胆子大，也能让部队有良好的风气。

有一位在副团职位置上做了四年的旅副参谋长，想在职务上调动一下，自恃与杨业功是老乡，平日关系也不错，就想让杨业功帮帮忙。没想到，杨业功却告诉他："有能力不用'跑'，没能力'跑'也没用，我的权力不是私有财产，绝不可以为个人谋私利。"当年年底，这位干部还是被安排转业了。

在杨业功做旅长时，他的一位侄子在部队里开车，驾驶时不慎发生了交通事故。营连领导考虑到事情不是很严重，就没有做任何处理。杨业功得知后，专门交代："越是我的亲戚，越应该从严处理。"最后，他的侄子背着处分退伍回家，亲戚朋友暗地里都说他"六亲不认"，可他却说："我是这个部队的'管家'，不能成为亲戚朋友的'特护保姆'，我只认原则不认人。"

杨业功生前常说："越是位高权重，越要在生活小事上防微杜渐。"身为基地司令员，他每年研究调整干部众多，过手审批经费数额巨大，无论用人还是理财，他都只有一个标准：掌权为公。

由于长期超负荷工作，杨业功积劳成疾，2003年11月查出癌症时已接近晚期。在病危救治期间，他依然没有放松对自己的要求。动手术之前，他专门向家人和工作人员交代：不管手术是否成功，基地任何单位、个人不得找医院的麻烦；任何单位不得以任何理由来看我，干好本职工作就是对我最大的安慰；家属不得以任何理由收礼品、现金。手术之后，他转入后期治疗，部队招待所时常炖些鸡汤、鱼汤给他滋补。离开南京时，杨业功拿出 2000 元交给所长，说："谢谢你们的照料，这就算作我的伙食费吧。"

2004 年 7 月 2 日，杨业功因积劳成疾病逝，终年 59 岁。廉，是他一生赢得官兵、赢得人心的法宝；廉，是他矗立在人们心中的又一座丰碑。这个平凡而又伟大的军人，用尺子丈量自己的工作，用读秒计算自己的生命，未曾请缨提旅，已是鞠躬尽瘁，谱写了一曲当代军人为国奉献的壮丽乐章，也谱写出了一位清廉自律者高尚人格的璀璨与辉煌。

王百姓 ｜ 与死神较量的人，只有一次机会

● 与死神较量的人不能出"错"

一支部队、一个组织、一名战士，要完成上级交付的任务，必须具有强有力的执行力。接受了任务的那一刻，就等于做出了承诺，而完成不了自己的承诺，也不该去找任何借口。

这是一种崇高的思想，体现着一个人对自己的职责和使命的态度。

作为军人，无论接到什么样的任务，脑海里的第一个念头都应该是：我必须完成它！这是一种恪守责任的态度，也是一种奋力进取的精神，更是一份完美的执行能力。面对棘手的任务，要全力以赴去完成它，而不是为没有完成找借口，哪怕是看似合理的借口。

什么叫作全力以赴？那就是，在面对挑战和危险的时候，依然有保证完成任务的决心和勇气，不给自己留任何退路，不去寻找回旋的余地，始终保持冲锋的力量。

生活中，不少人都喜欢给自己留后路，总认为一次没有执行到位，

没有完成任务，没什么关系，大不了重新再来一次。可你知道吗？对有些人来说，在接到任务的那一刻，他不可以给自己找任何重来的理由，必须全力以赴地完成任务，不容许有丝毫的差池和错误。

因为，生命只有一次，而他是与死神较量的人。

王百姓，全国知名排爆专家，现任河南省公安厅治安管理总队调研员，三级警监，高级工程师。他1969年参军至1985年转业到河南省公安厅至今，已经在爆破、防爆和排爆这个令人肃然起敬的领域工作了近50年。有人统计过，自1987年以来，王百姓亲手排除的1.5万多枚战争时代遗留炸弹、爆炸装置和100多眼爆破作业遗留哑炮，足以装满5车皮。多数废旧的炸弹，或发现于闹市区，或发现于居民区，弹体严重锈蚀，不易分离，引信底火外露，排除难度极大，只要其中一枚发生爆炸，他就会丢掉性命。

正因为此，王百姓有一个特殊的习惯，每次执行任务的时候都要请同事给自己拍一张工作照。为什么要拍这个照片？他解释说："一个是规矩，组织上规定要拍照。第二个，考虑到家庭，万一出事了，给后人留个资料，知道是咋出事的。至少给家人一个最后的交代。"鉴于工作的性质很危险，以至于每次出去执行任务时，他都很少告诉家里人，有时甚至还会对妻子说谎。

这些年来，王百姓究竟处置过多少爆炸现场，排除过多少爆炸物，经历过多少危险，连他自己也说不清楚了。每一次接到任务，他都是无条件执行，这是他的工作、他的职责、他的使命；每一次执行任务，都如同站在生死的边缘，必须全力以赴地完成任务，没有任何商量的余地，必须一次执行到位。

排爆，是将社会的危险系数系于一身的职业。在这个特殊的队伍里，王百姓是目前唯一没有伤残，不曾发生过任何事故的全国劳模、全国公安系统二级英模。他创立的有关爆破理论和爆破方法，填补了国内的空白，在国际交流中也让世界同行对他的独到见解、对中国防爆界刮目相看。他用精湛的技术、严谨的作风、高超的智慧和无畏的忠诚，实现着一个人民警察的人生信条。

● 把每一次任务执行到万无一失

1998 年 6 月 27 日，王百姓在开封出差。突然，他接到了上级的电话，说郏县有一颗炸弹需要排除。接到电话后，王百姓连夜返回家乡，到现场时是凌晨 2 点多。他拿着手控灯，趴到车底一看，是一枚高智能的遥控汽车炸弹。这枚炸弹在河南省是首次发现，在国内也很罕见，其爆炸威力足以炸毁汽车并危害到周围的民房。

当时，王百姓暗暗捏了一把汗，怎么会出现这样的炸弹呢？天很黑，周围的环境也不熟悉，且犯罪分子还没有归案，一旦惊动了他，很有可能会发生爆炸。看到这种情况，王百姓决定等天亮后再排爆。

第二天一早，天蒙蒙亮，王百姓就到了现场。准备就绪后，他走向了那辆被安装了炸弹的汽车。第一次爬进去，他很快就出来了，因为心跳特别快，情绪不够稳定；第二次进去后，手有点不听使唤，他又退了出来；第三次，他还是退了出来。此时，很多同志说干脆不要拆了，汽车炸了算了。可王百姓没同意，在那个时代，老百姓买辆汽车不容易，说炸就炸的话，怎么都觉得对不住老百姓，不能让"保护群众的利益"变成空谈。

王百姓第四次钻进了车底。这枚炸弹线路密集，里面装有4个雷管，8根雷管线，4根电池线，对他来说，拆除这个装置是一个空前的挑战。这12根线，到底该剪哪一根？一旦剪错了，肯定会爆炸。

在理出头绪后，王百姓开始了作业。他一共剪掉了10根线，最后只剩下两根。此时，他又远距离剪掉了一根，最后的那一根他重新钻到车底剪断。就这样，这颗炸弹被成功地拆除了，全程历经2个小时。

2003年，河北省威县检察院的一位检察官，收到了一份特殊的"礼物"，那是一枚制作精良的炸弹。河北警方想了很多办法，都没能将其拆除，最后这项任务又落到了王百姓的身上。在看了X光拍的炸弹图后，王百姓心里一紧，这样的炸弹在他几十年的排爆生涯中，从未遇见过。

那一刻，王百姓心里想了很多，甚至想到了有可能去了就无法回来。到办公室提防爆服的时候，走起路来都觉得脚步很沉。从来不向人提要求的王百姓，这次向河北的同事提了一个要求，说希望能和妻子吃顿饭再走。可是那顿饭，他一口菜也没吃，临别的时候，两个人都掉眼泪了。谁也不知道，这一去是不是就成了永别。

到了河北威县以后，王百姓一层层地打开炸弹包裹，发现里面放了一个类似茶叶桶的东西。有人提议说拧开，被他果断否决了，他看到盒子外面有个线头，其他的线头还缠在里面。为了安全排除炸弹，王百姓可谓是绞尽脑汁、倾尽全力。他在现场加工了一个无缝钢管，在钢管上截出一个长方形的孔，然后把炸弹放入钢管里，通过无缝钢管上的孔，围着炸弹导线的位置切开一个口，把炸药一点一点地倒出来。

经过了一天半的时间，这枚炸弹才被成功拆除。打开后一看，这个爆炸装置做得相当有水平，若是拧了盒盖肯定会造成伤亡。在场的领导和同志对此大为震惊，多亏听了王百姓的话，否则后果不堪设想。

在无数次与爆炸打交道的经历中，王百姓用自己的生命创造着一个又一个神话。对他来说，选择了这项工作，就要恪守承诺和职责，努力把每一次的任务执行到万无一失。每次排爆时，他都会仔细考虑每一处细节，用他的话说："生命对谁都是只有一次，因为我是一名警察，既然干了这个，就要承担起维护社会稳定的义务和责任。"

● 为人民做事不容许私心杂念

王百姓曾说："人民的利益和党的事业高于一切。作为一名警察，在党和人民需要的时候，没有任何理由打退堂鼓，没有任何理由当逃兵。"这些年，他除了亲手排除炸弹以外，还参与了很多在全国有重大影响的爆炸案件的侦破和查处工作。

2001年3月16日凌晨4时至5时之间，河北省石家庄市发生了一起特大爆炸案：死亡108人，伤54人，损失之多、影响之坏，都是空前的。案发3个小时，王百姓就接到了公安部的紧急通知：火速赶往石家庄！

这是一项紧急命令，王百姓 12 点就赶到了案发现场。经过勘察和分析，他执笔给出了专家组意见，并对炸药种类、装置类型、炸点位置和装药量逐一进行了分析，得出结论：5 个爆炸现场，炸药包装一致，点火方式一致，作案手段一致，侵害目标明确，作案时间接近，是同一伙人所为，完全可以并案侦查。

确定了侦破方向后，刑侦人员把在 5 个炸点所有被炸的住户并在一起分析，很快发现只有一个人和这 5 个炸点的住户同时有关系，如继母、姐姐、前妻、前妻家人等，且他对这些人都很敌视，存在报复心理。

案发 8 个多小时，通缉令迅速发往全国。7 天以后，犯罪嫌疑人在广西落网。在世界刑侦史上，这样的侦破速度也是罕见的，公安部领导对王百姓的工作给予了充分的肯定。

同年，江西万载县芳林小学也发生了一起恶性的爆炸案，当场炸死 42 人，炸伤 27 人，震惊全国。公安部两次派专家调查组进行勘验和侦查，认定是本村村民李某所为。为了慎重起见，公安部再一次派出专家组前去调查，而王百姓仍在专家之列。

在仔细勘察了现场后，王百姓对案情有了基本的判断，可在对爆炸事件的定性上，他心里像压了一块巨石。如果把自己的判断公布出来，势必会有很多人陷入尴尬的处境中，可作为一名人民警察，他必须尊重事实，不能掺杂任何的私心杂念。

对于先前的结论，王百姓提出了 12 个疑点，在场的同志大为震惊。公安部带队领导郑重地问王百姓："老王，你有没有把握？"

王百姓斩钉截铁地说："错不了，这个事我可以拍胸脯。"事实证明，这不是一起人为的破坏安检，而是一起安全生产爆炸事故。至此，公安部的专案调查告一段落。

每一次执行任务，都是与危险打交道，与死神较量。都是血肉之躯，谁能不害怕？平常人只要一次遭遇炸弹，就已经心惊胆颤了。王百姓也是一样，他有家庭、有妻子、有儿女，可他头上还有警徽，他只能把家人的担忧、战友的期盼、国家的重任，一并担起。

从接到任务起，他就知道自己必须完成，也要求自己必须完成。因为，跟死神多较量一次，人民离危险就少几分可能。在 2001 年感动中国的年度颁奖上，评委们给王百姓的颁奖词中有这样一句话，而这也是他排爆生涯最真实的写照："心怀百姓才使他一身是胆，心怀百姓才使他屡建奇功！"

梁万俊 | 最重要的时刻，保住最重要的东西

● 震撼中国的惊天一落

军人的生涯不是一帆风顺的，选择了这个职业，就不能踏上看似安全的退路。在训练场上，在战场上，逃跑是懦弱的表现，无论面对什么样的困难和痛苦，都要前进。

试飞，不同于一般的飞行，新型战机的研制定型，就是通过一系列的试飞来检验设计标准。每次飞行，都要求试飞员要将战机的技术性能飞到极限。换句话说，试飞员不但要完成高难度、高风险的飞行科目，还要随时准备应对突发的意外情况。

有一位空军特级试飞员，他安全飞行了近 2300 小时，先后完成了数十项重大科研任务，成功处置多起重大空中特情，为国家挽回了巨额的经济损失，赢得了赞誉，先后荣立一等功 1 次，二等功 2 次，三等功 5 次。

他，就是空军特飞员、某试飞部队队长梁万俊。

2004 年 7 月 1 日，四川成都，经过了一夜的风雨洗礼，万里晴空，是个试飞的好日子。

空军某部特级试飞员梁万俊，早早地来到了飞机场。准备完毕后，下午 1 时 09 分，他登上了新型战机，执行"加力边界"科目试飞任务。飞机很快滑出跑道，14 分钟后，迅速爬升至 12000 米的高空，此时飞机距离机场 120 公里。

当梁万俊完成了第一组试验后，意外发生了。

他按照规定做完了加力边界动作后，突然发现油量指示异常，功率箱油量本来不应该变，可它此时却在往下降。梁万俊瞬间判断，飞机漏油了，随即就向指挥员报告，同时关加力，调转机头对准了机场方向。在这一系列动作完成的同时，听筒里传来了指挥员"立即返场"的命令。

在返航的过程中，飞机漏油的情况超出了所有人的意料，仅仅 4 分钟的时间里，油量就从 550 升下降到 129 升。当他们还没来得及对飞机漏油做进一步的判断时，飞机油箱内的油已经全部漏完了，此时飞机的高度已经从 12000 米下降至 4800 米，距机场 20 公里。

出现了如此严重的故障，飞机失去了动力，就相当于成了一个自由落体。所有人都觉得，飞机是回不来了。当时的情景，梁万俊记忆犹新，他说：

"一般有动力的时候，下降过程中，我们控制的话，速度在 500~600 米的时候，它下降率一般十几米，那么我这个没动力就是 20 多米，比正常的速度下降快。这个就是一个特殊情况，你紧张是没有用的，紧张对我没有帮助。"

从事飞行工作 20 年，虽然也经历过不少的突发事件，但这一次的空中停车无疑是他遭遇到的最大的困难。当飞机急速下降到 4300 米时，梁万俊要是选择跳伞，没有人会提出异议，可是在那一瞬间，他做出了另一种选择："我要迫降，把这架飞机带回去。"

空滑迫降？这在世界航空史上都是极为少见的，选择迫降就等于选择了危险。在这样的情况下，任何万分之一的疏忽，都可能会机毁人亡。梁万俊心里自然也知道这些，可他想的是，科研新机关系着我国在国际航空界的声誉，关系着无数科研人员的心血，很可能会影响战机研制。

这时，飞机距离机场仅 11 公里，失去动力的飞机和机场是 180 度对角，若空滑至地面，必须依靠电能调整飞机姿态，完成三转弯，把机身对准跑道。梁万俊心想，一定要保全试验数据，保住科研新机，哪怕只有万分之一的希望，也得尝试！他决定了，开始高空远距迫降。

在部队领导的支持和引导下，梁万俊精准地修正着飞机的速度和高度偏差，平稳地驾驶着飞机穿过云层，向机场方向飞去。1 分钟后，飞机出现在机场上空，降落的机会只有一次，必须一次性成功。

13 时 43 分，随着一声口令，梁万俊操纵着飞机对正跑道，飞机成大锐角，以每小时 361 公里的速度风驰电掣般地扑向跑道。所有人都屏住了呼吸，目不转睛地盯着梁万俊驾驶的飞机。飞机以超出常规 100 公里的速度接地，刹车、放伞，在巨大的轰鸣声中轮胎刹爆，拖出两道长长的轮印，最后稳稳地停住！

所有人都激动起来，大家相互拥抱、击掌、欢呼、流泪，该型战机的一位老专家，抱着梁万俊失声痛哭。因为，他半辈子的心血都在这架飞机上，而梁万俊保住了它！

● 关键时刻保住最重要的东西

"鹰是天空中最娴熟的飞行家，但是他却有比鹰还要优秀的飞行技能。万米高空之上，数险并发之际，他从容镇静，瞬间的选择注定了这次飞行像彩虹一样辉煌。生死关头，惊天一落，他创造了奇迹！为你骄傲！中国军人，钢铁是这样炼成的。"

这惊天一落，让梁万俊成为 2004 年感动中国人物之一！

他避免了一次重大事故，带回了宝贵的试飞数据，缩短了科研进程，也挽救了整个项目。不管从哪方面说，他的这一落都是世界航空史上的一个奇迹。

有人问梁万俊："为什么要尽最大可能把飞机带回去？这是一个很危险的决定。"

梁万俊沉思了片刻，说了一句话："人在最关键的时刻，要保住最重要的东西。"

随后，他讲了自己生活中的一件事情：一年春节，他和妻子带着刚满一岁的儿子去看望岳父母。抱着孩子的梁万俊刚走到岳父家门口，因走廊灯坏了，一脚踩空，和儿子一起从楼梯上摔了下去。妻子吓坏了，可走到亮处一看，儿子毫发无损，而梁万俊的后背却摔得青紫，膝盖也受了伤。原来，就在摔倒的那一瞬间，他本能地把儿子举在上面，自己的背部先着地了。后来，他跟妻子说："作为试飞员，关键时候肯定什么也来不及想，脑子里唯一的念头就是，要保住'最重要的东西'，关键时刻对待飞机就像抱着自己的孩子一样'死守不放'。"

生命可贵，仅有一次。可是，作为空军试飞员，肩上扛的是一个时代的重任，是国家的荣誉，也是千万人民的利益。他没有理由在关键的时刻选择保住自己的生命，放弃科研成果，放弃全军荣誉。

没有随随便便的成功

梁万俊的惊天一落，绝非偶然的成功，那是优秀的飞行技能、过硬的心理素质、强烈的责任心融合在一起的结果。如果没有平日里的勤学苦练，就不可能在危险来临之际，从容镇定地应对，创造出惊天的奇迹。

有一年，梁万俊在组织新机理论学习时，被一名试飞员提出的关于发动机原理方面的问题卡住了。虽然那个问题属于飞机设计专家领域的知识，可还是引起了他的反思：要做一名优秀的试飞员，必须对飞机的整体与局部、系统关联和设计制造都有深入的了解，只有这样，才能在遇到紧急情况时从容应对。

此后，梁万俊放弃了大量的休息时间，开始收集整理资料，自学军事、科技、航空等方面的知识，学得越多，越觉得自己欠缺得多，这种压力促使着他不断进步。2005 年，他被评为"全军自学成才十大标兵"。

事实上，飞行员的淘汰率是很高的，能够当上飞行员的，往往都是尖子里面的尖子。1982 年，与梁万俊一起入伍的航校那批同学共 100 人，而今仍然在飞行的就只剩下两三个人，当试飞员的只有他一个。

千挑万选出来的梁万俊并不敢放松，因为他知道，试飞员驾驶的都是最先进的科研样机，如果因为自己操作不当而出现问题，那就面临着和飞机一起被淘汰的危险。如何才能减小被淘汰的概率呢？只有不断地要求进步，补充学识，锤炼技术，才能成为自己所在领域里的精兵！

李剑英 | 22 年飞行生涯，16 秒生死抉择

● 不忘初心，牢记使命

选择做一名军人，就意味着选择了离牺牲最近的职业。

生在和平年代的人，通常都无法理解"战争"意味着什么。它不是象棋棋盘上的楚河汉界，也不是诗词歌赋里的大江东去，更不是游戏里的打打杀杀，或是史书资料里的冰冷数据。战争没那么轻盈，具体到每一个个体的牺牲，都是血淋淋的。所有的太平盛世，都是靠鲜血和生命换来的，并依赖着它的守护。

作为军人，当祖国需要我的时候，我就是一颗子弹，指哪儿打哪儿；当人民需要我的时候，我就是一堵墙，坚不可摧。很多事情不是非要知道结果、非要有人理解，这些都不妨碍军人前赴后继地出现在英雄曾经倒下的地方。

人固有一死，有的轻于鸿毛，有的重于泰山。值与不值，只求无愧于身上的军装，头上的军徽。有些硝烟战火看似遥远，倘若袖手旁

观、置之不理，终有一天会烧到自己的土地上来。

世界和平的最终受益者，并不是军人自己，他们多希望从此岁月静好，再不需要任何人付出生命和鲜血。可是，每一名军人都知道，国家是从苦难中走出来的，过程中的艰辛历历在目，他们不能再跪尝屈辱的历史苦果，唯有强大的国防，不怕苦、不怕死的人民军队，才能实现这一切。

信仰的力量是巨大的，当一个人对某种思想、某项事业产生了信仰时，就会释放出巨大的能量，甚至不惜牺牲自己的生命去维护这个信仰。选择一种信仰，就等于选择了自己的命运；有信仰才会有理想，而理想恰恰是让人超越平庸走向卓越的桥梁。

军队与使命同在，军人也与使命同在。当国家和人民群众的安全受到威胁的时候，军人挺身而出就是天经地义的，无须任何理由，用自己的鲜血和生命，换来人民的幸福，纵使血雨腥风、枪林弹雨，依然义无反顾。献身使命、甘愿牺牲的英雄主义，是军人身上最光彩夺目的品质。

● 16 秒钟的生死抉择

12 时 04 分 09 秒，639："我撞鸟了，我要调整跳伞。"

12 时 04 分 15 秒，639："看迫降行的话，我把起落架收起来了。"

12 时 04 分 18 秒，639："我把起落架收起来，迫降！"

12 时 04 分 25 秒，飞机解体爆炸。

这段录音是飞行员李剑英最后和塔台的三次通话。他为什么要调整跳伞，又为什么冒着生命危险放弃跳伞选择迫降？让我们回到2006年11月14日，看看那一天到底发生了什么。

那天，兰空某团驻地天气不错，空中云朵不多，能见度大于10公里，是一个适合飞行的好天气。上午11时17分，飞行员李剑英（代号639）驾驶某型歼击机双机起飞，执行空中巡逻游猎任务。

经过常年的训练，李剑英在完成起飞、出航、空域动作和返航、解散加入起落航线的过程都很顺利。可是，没有人预料到，这竟然是李剑英最后一次和自己心爱的战机冲上云霄了。

12时02分，飞行员李剑英接连向指挥员报告情况，指挥员接到后回答，检查好三转弯即可着陆。战机就像平日里一样下降高度，进入三转弯，加入下滑线，所有的动作都是那么娴熟。12时04分09秒，当飞机的高度下降至194米，距离机场2900米的时候，突然遭遇鸽群撞击，发动机发出了"砰"的一声巨响。

李剑英开始跟塔台联络，就是我们上面看到的那一段录音。在整个通话的过程中，他的声音始终保持沉稳，没有丝毫的紧张慌乱。16秒的时间，告别竟然是这样的短暂，这样的突然。在最后的时刻，李剑英选择了放弃跳伞，放弃能够生存的三次机会，毅然决然地离开了那片沃土，那片蓝天。

到底是什么原因，让李剑英三次放弃生存的机会呢？

大家都知道，鸟撞飞机是一个世界性的航空难题。有些飞机有两个或多个发动机，撞鸟后可紧急关闭被打坏的发动机，实施迫降。可是，李剑英驾驶的战机是单发机型，想要着陆难度巨大。

在他第一次报告鸟撞飞机的时候，战机距离机场跑道 2900 米，高度是 194 米。瞬间，机身就开始剧烈抖动，发动机转速陡然下降，温度急剧上升，战机以平均每秒 11 米的速度下降。遇到这类情况时，飞行员通常都会报告"我撞鸟了，跳伞"，可他在报告中却说"要调整跳伞"，他到底要调整什么呢？

● 让生命的天平倾向人民

事故发生后，调查组的人员勘察推断，倘若当时李剑英不调整，而是选择直接跳伞，那么飞机很有可能坠毁在村庄田野，危及人民的生命和财产安全，后果不堪设想。他想调整跳伞的原因，就是为了避开村庄。

调查发现，在鸽群撞击点到飞机坠毁点 2300 米跑道延长线的两侧 6800 米范围内，有 7 个自然村，一处高速公路收费站，还有一个砖瓦厂。沿下滑轨迹依次分布 3 个村庄，共 268 户，住着 3500 口人。李剑英何尝不知道，跳伞就有了生存的机会？可他更加清楚，如果飞机坠毁了，落在村庄里，牵扯到的就不仅仅是一条生命了。作为一个有着多年经验的飞行员，他和战机常年做伴，要做出跳伞、抛弃战机的决定实在太难了，但凡有一丝的希望，他都会把战机驾回去。

凭借着精湛的飞行技术和良好的心理素质，李剑英稳稳地操控着驾驶杆，努力把即将失控的"战鹰"驾驶到没有人烟的跑道延长线，并沉着地向指挥员报告："看迫降行的话，我把起落架收起来。"眼看着战机就要接近跑道延长线，他再次报告："我把起落架收起来，迫降！"战机急速下降，在 12 时 04 分 25 秒，爆炸解体，李剑英粉身碎骨，与飞机的残骸融为一体。

飞机解体后，发生的爆炸一直持续了两个小时。爆炸现场距离最近的一位群众不到 20 米，所幸没有任何群众伤亡。兰空的领导告诉记者，当时飞机上有 800 多公升的航空油，120 余发航空炮弹，1 发火箭弹，一旦跳伞后飞机失控，会给群众带来巨大的灾难。当时的指挥员目睹了李剑英的壮举，他说："李剑英完全可以跳伞保住自己的生命，可他毫不犹豫地选择了牺牲，这是一种坦荡，一种无私，一种高尚的境界。"

为了保住人民群众的生命财产安全，李剑英发扬了人民军队的优良作风，让那 16 秒钟的抉择，成为人生最壮丽的篇章。他的战友们都说，如果李剑英跳伞了，那肯定不是真实的李剑英，不跳伞才是真正的李剑英！

李剑英出生在一个朴实的家庭，从小到大一直品学兼优，很早就心怀"蓝天梦"。18 岁那年，他以优异的成绩被招飞入伍，进入航校，历任飞行学员、飞行员、中队长、副团职领航主任、正团职领航主任、正团职飞行员等职。在 22 年的飞行生涯中，他累计飞行 5003 次，安全飞行 2389 个小时，先后荣立三等功 1 次、二等功 1 次。

一直以来，李剑英都是一个对飞行训练精益求精的人。飞行之前，无论一个科目飞了多少次，他都要反复计算、演练，把风向、风速、云雾、能见度、地面参照物等飞行参数进行定量分析，制定出各种预案，不放过任何细节。在飞行中，他沉着冷静，按章操作，把每一次飞行都完成得毫无遗憾，从未发生过错、忘、漏的问题。

在对抗演习中，李剑英表现得勇猛无畏。每次执行急难险重的任务时，都是第一个往前冲；每次有重大训练任务，都是第一个递交请战书。他说，飞行是勇敢者的事业，总会伴随着一定的风险，和一些不可测的因素，作为一名战斗机飞行员，就是要做到险情面前不惊，困难面前不惧。

一个人的脊梁，不是骨头而是精神；一支军队的脊梁，不是武器而是精神。李剑英走了，走得坚定而从容，走得壮烈而辉煌。在生死关头，他义无反顾地把生的机会留给了群众，恰如感动中国组委会授予他的颁奖词中所言：

"他有 22 年飞行生涯，可命运只给他 16 秒！他是一名军人，自然把生命的天平向人民倾斜。飞机无法转弯，他只能让自己的生命改变航向！"

华益慰 | 大医有魂，生生不息

● 一生只想做一名好医生

做一件小事不难，做好一件小事也不难，但做好许多小事、把所有小事都做好却不容易，而这也不是一件小事。作为一个以拯救生命为天职，承载着社会道德最厚重部分的职业，医生每天都要和病人打交道，对他们而言，这是一件再寻常不过的事。然而，在这个浮躁又充满诱惑的时代，医生该如何面对病人？又该如何能保证心灵不被腐蚀？

有一位军医，他就像一面镜子，折射出了最好的答案；他散发的光芒，照射着所有用心在不同职业、岗位上坚守的人。他，就是把全部爱心奉献给人民，把毕生精力倾注在军队医学事业上，原北京军区总医院普外科主任——华益慰。

1933 年，华益慰出生在天津的一个医学世家；1950 年，他从南开中学毕业后被保荐到协和医学院燕京大学医预系；1953 年，他积极响应党的号召，被调往军医大学学习，入伍参军。这一次的选择，决定了他未来的人生方向。

1960 年，华益慰刚刚参加工作不久，当时军队组织了支援西藏医疗队，而他并不在名单中。为了能够去援藏，他再三向组织申请，最终得到了批准。为此，他推迟了一年的婚期。在给父母的信中，他这样写道："我怀着极度兴奋的心情向你们报告一个好消息，我已被批准成为支援西藏手术医疗队的一员，任务既艰巨又光荣。"

在援藏的日子里，华益慰表现十分出色，被评为"积极分子"。这一次的经历，也让他真正体会到了什么叫作吃苦耐劳，什么叫作军人，什么叫作战士，并切身地理解了军人的荣誉与职责，以及要承载的使命。

1975 年海城地震，1976 年唐山大地震，华益慰都义无反顾地奔去抗震救灾一线。在唐山救灾的半年多时间里，他的妻子患了重病，妻儿三人无人照料，即便是这样困难的时刻，他也没有向组织提过任何要求。

1981 年，华益慰的妻子张燕容患直肠癌住进了他所在的科室。那天，给妻子做完手术后，他再也抑制不住内心的痛苦，把自己关在办公室里痛哭。他觉得亏欠妻子的太多了。妻子也出生在一个医学世家，是他的大学同学，这些年为了减轻他的负担，妻子几乎把家里所有的事情都扛了起来，她真的是太累了。

1985 年，华益慰的母亲病危，住在 301 医院。老人走的那天，刚好华益慰有一台手术，等他做完手术赶到医院的时候，母亲已经走了。第二天早晨，简单地办完母亲的丧礼后，他就匆匆赶回医院，重新站在手术台旁。华益慰不是不懂亲情，可他更知自己的责任，用妻子的话说："老华这一辈子活得体体面面、坦坦荡荡，很少为自己活着、为家人活着。"

1998 年，华益慰退休了。以他的名望，在社会上赚大钱的机会很多，可他依然像退休前一样，坚守在医院临床工作一线。因为找他的病人太多，点名预约的手术不断，他就像普通医生一样，出门诊、管病人、查房、做手术，每天都安排得满满的。

妻子常常劝他，年纪大了，不能再像年轻时那样了，可华益慰却说："病人来找我是对我的信任，不能推辞。"他每周只有一天出专家门诊，有的患者为了挂他的号要等好几天，考虑到病人看病心切，华益慰经常提前上班，约病人到病房看病，或是约他们到家看病。

华益慰从不要求组织的特殊照顾，他把为病人看病视为自己的天职。年过七旬的他，依然坚持每年做 100 多台手术，有的手术一做就是十几个小时，常常累得大汗淋漓，两层手术衣都被汗水湿透。由于体力不支，他还专门准备了一个高凳，实在坚持不住的时候，就坐在凳子上为病人做手术。

直到 2006 年 7 月 25 日，华益慰被初步诊断为胃癌，他依然平静地走进手术室，为预约好的病人成功地做了手术。那是他从医 56 年来的最后一台手术。

● 病重中坚守大医大爱

华益慰一生都在严格要求自己，从来不愿给组织添麻烦，即使是患了胃癌，他想到的依然是尽量不给组织添麻烦。他总是跟家人说："这次生病以来，医院领导非常照顾，我很满足，不要再给组织添麻烦了，转告科里和院领导，治疗尽量简单，不要再浪费宝贵的资源了，只要能减轻些痛苦就行了。"各级领导到病房看望他时，总会问还有什么要求，而他的回答永远是："没有什么，我很知足。"

当华益慰得知医院和上级要总结宣传他的事迹时，他不断地叮嘱妻子，找领导汇报要实事求是，不要拔高，不能有半句假话。他说："我这一辈子只想当一名病人信任的好医生，千万不要搞那些虚假的东西误导年轻人。"

对于胃癌的治疗，由于发现时已是晚期，华益慰接受了常规治疗，做了全胃切除手术，就是把胃全部拿掉，将小肠直接与食道接起来。由于没有贲门了，碱性的肠液和胆汁直接往上返，病人会出现反流、烧心等症状。术后，华益慰反流非常严重，食道总是烧得疼，嗓子也被呛得发炎，就连耳咽管都被刺激得很疼。

全胃切除的痛苦尚未结束，他又接受了腹腔热化疗，一个月共做了8次，人都没有喘息的机会。通常，在化疗结束后，副反应会慢慢减轻，病人能恢复进食。可是，化疗结束后两三周后，华益慰依然恶心、呕吐，检查发现是回肠末段肠梗阻。在这种情况下，他又进行了第二次手术，没想到手术后，肠吻合口漏了，腹腔受到了严重的感染，肠道已经无法恢复了。这个时候，就算没有癌症，人也很难活下去了。

第二次手术失败后，华益慰从 ICU 转到了肝胆外科。看着他如此痛苦的样子，许多医护人员都哭了，而他却表现得很平静，总是面带笑容。在生命最后的这段日子里，尤其是做了全胃切除术后，华益慰承受了巨大的痛苦，也对胃癌治疗的方法进行了深刻的反思。

他说："我从前做了那么多手术，但对术后病人的痛苦体会不深。没想到情况这么严重，没想到病人会这么痛苦。全胃切除带来的不光是吃饭的问题，还有术后反流的问题……做全胃切除，病人遭受的痛苦太大。以后做胃切除时，能不全切就不要全切，哪怕留一点点胃，就比全切强，病人就没那么痛苦。"

通常，医生在治疗肿瘤患者时，想的是如何将肿瘤清除干净，避免复发，只关心手术做得是否成功，有没有并发症，而并不知道病人的感受。病人不懂医学，认为很多反应是正常的，就应该这样。然而，当华益慰从医生转化为病人，他从病人的角度对这一医学问题有了新的认识，如果病人术后的生活质量可能会受到严重的影响，那么手术的范围宁可"小"一点，也要保证病人术后有一个良好的生活质量。

外科的一位主任医师表示，华主任的建议对他们而言是一笔宝贵的财富。在为今后的胃癌病人治疗时，他们改进了手术的方法：能不全切的尽量不全切，必须全切的就想办法把胆汁和肠液引流掉，减少反流，并想办法用肠子成形后代胃，让食物仍然可以像在胃中一样停留一下，这样病人就舒服多了。

在生命晚期，承受着巨大痛苦的时候，华益慰依然坚守着他的大医大爱，以切身的痛苦思考着毕生追求的医术，念念不忘病人的感受。对于任何一位癌症晚期患者，评价癌症治疗的两个要素缺一不可，那就是延长生命和生活质量。华益慰一生医人无数，而在生命的最后阶段，他所感悟到的是："我们当医生的，不能单纯治病，而是要治疗患了病的病人啊！"

● 把一切交给热爱的事业

华益慰在接受了手术治疗后，忍着痛苦把自己当成一本"活教材"，向临床医生传授医术。他找到医院的病理科主任，握着对方的手说："我的病情多次检查未能确诊，手术后可能见到的所有并发症都同时出现，这是我行医 56 年里从来没有遇到过的，所以一定要做尸体解剖，看看能不能有所发现，也好给后人积累一点经验。"

不仅是他自己，就连华益慰的父母、岳父母四位老人，也都在去世后把遗体捐献给了医院，用于医学解剖。一套父母脏器标本的教学切片，是老人留给儿女的唯一纪念。而今，华益慰也要这样做，对于一个高尚的灵魂来说，死亡是一次新的升华。

2006 年 8 月 12 日 18 时 36 分，华益慰病逝。

在华益慰的遗嘱里，有这样一段话："……身后的一切形式都不再有意义。我愿以我父母曾经的方式作身后的安排：不发讣告；不做遗体告别；不保留骨灰；自愿做遗体解剖。此事希望委托丁华野教授安排，对疾病的诊断和医学研究有价值的标本可以保留。其他有关事情，我愿按照我妻子张燕容的安排进行。"

华益慰走了。人之故去，痛彻心扉，但，生命是有力量的。他带走的是高大的身躯，留下的是永生的精神。面对病人，他奉献了自己精湛的医术和忘我的仁慈，在他眼里，病人只有病情轻重之分，没有高低贵贱之分，无论对方的身份如何，他投入的都是自己医德医术的全部。所有的患者都感觉，这是一个值得托付生命的人。

华益慰一生追求崇高与完美，用自己所有的精力，践行了共产党员的先进性，履行了军人的神圣职责，树立了"白衣天使"的美好形象。他用几十年的努力，实现了一生就想当一名好兵、做一名好医生的理想。在他身上，我们切实地感受到了信念的力量、平凡的伟大，也感受到了人格的魅力、道德的光辉。

生而为人，一次做好一件事不难，难的是一辈子做好一件事；一个人的能力有大小之分，可若有了坚守本职的精神，就可以创造不凡的人生。华益慰做到了，你我也可以做到。

张　勇｜不用记住我是谁，只要记住我来自中国

● 感动非洲的中国军人

远在万里的非洲苏丹，流传着这样一首诗歌："你以一种远见领导中国分队，为南部苏丹人民带来希望，为加扎勒河州带来和平与发展，我们非常想念你，你在我们的记忆里长盛不衰，你撒播和平、发展、前进的种子遍地生长……"

看内容会发现，它歌颂的不是非洲，不是苏丹，而是一个中国人。这首诗词是联合国苏丹特派团二战首席长官弗莱德·巴比先生创作的，他并不是一位专业诗人，只是被一位中国维和军人深深地打动了，才作了这一篇诗歌。

在他眼里，这位中国军人就像是德国诗人荷尔德林那句经典名句——"诗意地栖息在大地上"，以无畏的人生态度和超凡的人生境界，感动了非洲人民。这位中国军人是世界公民，是播撒正义的使者；是蓝盔勇士，是传递友谊的桥梁。感动非洲的他一腔热血，愿维和平在

异国；两赴苏丹的他，秉持此心安处即吾乡。

他，就是济南军区联勤某分部副部长，曾经两次率队参加联合国苏丹瓦乌任务区的维和行动，两次被授予联合国"和平荣誉勋章"和联合国苏丹特派团"特别贡献奖"，成为全军唯一"感动非洲的十位中国人"中的军人，是迄今为止曾战斗在维和基层工作一线，职务最高、维和次数最多、时间最长的中国维和指挥官——张勇。

● 首次出征凸显优良素养

2005 年 6 月，张勇刚刚接任某分部副部长的职位不久，就接到了军区赴苏丹维和的命令。在济南军区的历史上，出国执行联合国维和任务还是第一次。作为维和指挥部主任兼运输大队队长，张勇深刻地感受到了自己肩上的责任。

经历了一年高强度封闭式的训练后，2006 年 5 月 26 日，这支中国运输兵踏上了去苏丹的征程，中国的维和部队即将在那个时局动荡、战乱频繁的国度展示自己的风采。出征之前，张勇做了全面的准备工作，搜集了苏丹的各方面资料，力求有一个系统的了解。可是，真正到了苏丹之后，他才意识到，这里远比自己想象中要糟糕得多。

从机场到战区，不过 10 分钟的路程，张勇看到的却全是触目惊心的景象。战争，给这个国家带来了深重的灾难，这里太需要和平了。不过，瓦乌的现状只是一个开始，当他走进即将安身生活和展开工作的营区后，更是瞠目结舌。他和队员们要面对的，是一眼望不到边的灌木丛，那里野狗成群，蛇蝎出没。

　　当时，苏丹的雨季即将来临，而提前到达任务区的肯尼亚、印度等国家的维和部队已经把营区建造得初具规模了。营房建设是维和部队的主要任务，这直接关系到后续部队是否能够顺利展开工作，以及济南军区赴苏丹为期六年半的维和任务能否圆满完成。

　　张勇扔下背包，对队员们喊道："我们要在雨季来临之前把板房建起来。"说完，就拿起铁锨到工地上铲起土来，队员们被他的热情和斗志感染了，也纷纷拿起工具，顶着50度的高温，开始不分昼夜地连续作战。

　　那段日子真的是不堪回首，没有水，没有电，渴了就喝一点自带的矿泉水，饿了就吃罐头，困了就在简易房里眯一会儿。由于居住的环境恶劣，加之营地蚊虫肆虐和高强度的体力劳动，进驻任务区的第九天，张勇一连工作了近10个小时后，突然觉得挥着铁锨的胳膊很无力，险些栽倒在地上，他摸摸自己的额头，才发现自己发烧了。

　　当时疟疾患病率很高，张勇知道自己肯定是"中彩"了。看看周围的队员们，似乎没人注意到自己的反常，他悄悄地溜进帐篷，吃了几片药，又回到工地跟大家一起干活。挥不动铁锨，就四处看看，帮焊龙骨的战士递送焊条，帮钉板房的弟兄递个螺丝钉。实在撑不住了，刚找个地方落脚，天就要下雨，他连忙跑到简陋的升旗台上，把国旗收了抱回帐篷。

　　这时候，夕阳已经西下了，他也忙活了整整一天。

　　经过连续40天的日夜奋战，运输大队盖起了整齐、漂亮的板房，赢得了"中国速度"和"中国质量"的美誉。这 40 天的时间里，其他国家的维和部队都认识了张勇这位中国指挥官，并对他称赞有加。在济南军区慰问团前往任务区慰问时，战区首席长官巴比先生特意致信慰问团团长："能否让张指挥官延期回国？有他在，我们二战区的建设和发展会更顺利，更出色。"

中国维和部队刚进驻到任务区时，联合国驻苏丹特派团（联苏团）部队总司令里德尔中将问过张勇："多久能完成营建任务？"张勇当时的回答是："您下次再到中国分队，这里将有翻天覆地的变化。"果然，当里德尔中将再次来到这里时，被眼前一排排白蓝相间、功能齐全、漂亮美观的中国式板房震撼了。他说："中国维和部队进驻任务区的时候，全世界的人都在观望。而今，你们用事实证明了中国军队是一只不可战胜的队伍，你们表现出的优良素质和敬业精神值得所有出兵国部队学习。"

是的，走出了国门，代表的就不仅仅是自己，也不仅仅是所在部队，而是代表了中国和中国军人。张勇和他的队员们都深知自己肩负着使命和荣誉，在世界各国的部队面前，绝不能输掉祖国的荣誉。

● 二次出征彰显英雄本色

2007 年，军区接到组建第三批赴苏丹维和部队的命令，此时的张勇刚刚从苏丹归来不久。组织在选派带队干部时，考虑到张勇政治觉悟高，带兵有魄力，且是第一批赴苏丹维和的军人，在这方面有一定的经验，于是准备让他再次带队担任维和部队的政委。

军人的天职，就是服从命令。张勇没有任何的犹豫和推脱，2007年9月18日，他和队员们降落在苏丹中部的欧拜伊德。作为维和部队的政委，张勇的心情很复杂，要担负起这个新的角色，面对新的任务形势，绝非一件简单的事。

张勇带领着队员勘察道路，在50摄氏度的高温下，身着十余斤的防弹衣和钢盔，一日颠簸数百公里，研究分析道路的特点，留取各地数据，依据途中的安全形势，不断制定防卫措施和预案，在类似的地形中组织多次演习训练。

经过了严密的准备后，中国运输部队的车辆开始穿梭在苏丹的雨林中，多次通过敏感区和哨卡，多次平安度过醒目的雷区，多次把物资安全送至目的地，多次把中国军人的风采和胆识留给了苏丹人民。

有一次，部队接到了赴阿维尔运送一批大件装箱物资的长途运输任务。当时，苏丹已经提前进入了雨季，道路很不好走，中间还有一段3公里左右的单行沼泽地。若再有一场大雨降临，车辆很有可能会被困在半路上。

经过认真的准备和计算，张勇做了一个大胆的决定：车队当天往返。这是一个艰巨的任务，车队经过6个小时的艰难行驶，终于抵达了阿维尔，官兵们顾不上休息就开始卸载。170个木箱，每个都有300多公斤重，要从1.5米高的车厢内徒手卸下，没有任何的机械辅助。张勇带领着队员用木棒向下滑，肩扛手抬，很多队员的胳膊和手都磨破了皮，可大家没有一句怨言。

卸载完毕后，已经是 14 时。经验告诉张勇，大雨通常在 15 时以后到来，所以他命令队员即刻返程，穿过危险路段后再吃午饭。15 时 10 分，车队顺利通过沼泽地，而 5 分钟之后，瓢泼大雨来临。19 时，车队安全返回，中国维和部队再一次以高质量、高速度创造了奇迹！

在赴苏丹维和期间，张勇带领官兵们创造了一个又一个传奇：在任务区部署时间最长、分散布置时间最长、应对任务区周边突发事件最多的部队，同时，也是受到联合国表彰人数最多的、执行长途运输任务最多、在物资匮乏情况下完成最高难度医疗抢救的部队。

走出国门代表的是中国

两次赴苏丹维和，张勇共有 513 天在任务区，多次带队执行运输任务，先后 12 次面临冲突和骚乱的严峻考验。在这样的形势面前，他表现出了一位优秀军人的风采。

2008 年 4 月 17 日，生病的张勇正在输液，突然得到报告，距离营区 3 公里外的瓦乌集贸市场发生枪战，中国维和部队有 7 台车辆被挡住了去路。张勇迅速拔下针头，一边向战区司令部汇报，一边召集应急分队出发。通信员抱着他的防弹衣，还没跑出房门，就看到张勇的指挥车疾驰而去。

面对冲突双方持枪对峙的士兵，张勇临危不惧，一边指挥分队应急掩护，一边指着臂章上的标志喊"China, China！"，想办法协调车辆绕行，两个小时后，车队安全地返回了营区。

在他第二次决定赴苏丹维和时，有人问他："那个地方条件艰苦，处处危险，为什么还要去？"他回答说："使命在肩，我无所畏惧，义无反顾。"是的，作为一名肩负重任的维和指挥官，张勇有他的担当和选择。

2008 年 3 月，部队接到当地政府求助，协助阿维尔运送人口普查资料，为将来的大选做准备。几天前，阿维尔刚发生了一场武装冲突，那个特殊时期，驻阿维尔所有的联合国人员在背包上坐了一夜，只等一声令下就撤离。很多人都建议张勇，不要接这个棘手的任务，实在太危险，可他却坚持要带队去，说既然是为和平而来，就要为和平而为！

当张勇带着车队行至距离营地 50 公里处的一个路口时，突然遇到了手持武器和棍棒的当地民众。他们上来就开始砸车的挡风玻璃，情绪非常激动。苏丹当地人说的是阿拉伯语，官兵们听不懂，也不知道发生了什么。危急关头，张勇镇定地指挥官兵：保护好物资，不要和民众发生冲突，不要离开战位！

张勇经过一个多小时的艰难沟通，和当地政府、联苏团密切配合，总算化险为夷了。除了个别车辆受损外，所送资料安然无恙，人员也无一受伤。当地政府官员接到资料后，紧握着张勇的手，激动地说："你们是真正的和平使者。"

苏丹维和任务区，聚集了 59 个国家的军人和工作人员，就像是一个缩小的国际舞台。在这里，如何妥善地处理各方关系，树立中国军人的形象，对张勇和其他队员来说，都是一种考验。

有一次，肯尼亚维和部队请求中国运输队提供吊车支援。此时，刚巧联苏团部队总司令视察中国维和部队，按照要求所有人和装备都必须在位。值班人员请示张勇后，他回复说，等视察完毕后立刻派车，并且真的这样做了。可是第二天，联苏团内部网站上，却出现了影射和攻击中国维和部队"不作为"的文章。

　　张勇立刻意识到，这是别有用心的人在诋毁中国和中国军队的声誉，决不能小觑。他立刻约见了战区行政长官哈什正面交涉，义正词严地要求"迅速澄清事实，始作俑者亲自道歉，消除负面影响"。不仅如此，他还要求翻译立刻在联合国网站发布文章，揭露事实真相，批判这种颠倒是非的行为。

　　看到张勇的态度如此坚决，哈什亲自登门解释，对方也在网站上公开声明并致歉。此后，维和任务区再也没有出现类似的事情。张勇在执行任务期间，总是跟队员反复强调一句话："军人，永远视国家和军队的形象高于生命！"一直以来，他都是按照这个准则要求自己。

　　驻地妇女玛萨卡的丈夫和父亲，相继在战乱中去世，她和 60 岁的母亲带着 4 个未成年的孩子过着艰难的日子。2006 年第一次维和期间，张勇就经常给这家人送去食物和生活用品，为他们查体治病。第二次再赴苏丹时，依然给这家人诸多照顾。2008 年 5 月，当他得知玛萨卡的孩子到了上学的年龄却交不起学费时，张勇代表部队给他们送了 400 美元的助学金。

　　玛萨卡的母亲抹着眼泪，不止一次地询问张勇的名字，可他却说：

"你们不用记住我一个人的名字，只要记得我来自中国，是中国维和军人就行了。"

生命有限，荣誉不朽

对张勇和他的队员们来说，走出国门去执行维和任务，个人的名字早已不重要，所有的官兵都只剩下一个共同的名字，那就是"中国军人"。"我"所做的一切，都代表着祖国和军队，"我"所有的荣誉，都是祖国和军队的荣誉。恰恰是这份荣誉感，让他们觉知到了神圣的使命，并为之赴汤蹈火，生生不息地奉献。

德国哲学家包尔森说："我们不能想象没有强烈的对荣誉之爱，而伟大的事业可以实现。"

什么是荣誉？荣誉，就是光荣的名誉，是一定社会或组织对人们履行社会义务的德行和贡献所给予的肯定和褒奖，是贡献的象征和功绩的标志。

对一名优秀的军人来说，荣誉胜过一切，乃至生命。崇尚荣誉的本质，就是崇尚英雄、崇尚胜利。唯有血液中涌动着崇尚荣誉的情感和信念，才能为了使命忍受艰难，不畏牺牲；只有心中播入崇尚荣誉的种子，才能开出英勇的花朵。

重视荣誉，不是只有通过血洒疆场才能体现，生在和平年代，荣誉感依然可以以高贵的情怀和巨大的精神力量展现出来。当洪水肆虐时，军人挺身而出；地震来袭时，军人不畏艰险；冰雪成灾时，军人舍生忘死……种种举动，都证明了一点，他们怀揣着荣誉，与祖国和人民站在一起。

西点军校 1974 届的一位学员，在回答一个突然提出的问题——"你擦过皮鞋了吗"时，说擦过了，事实上他并没有擦。当时他因为心里很害怕，不敢立刻纠正，没想到事后被同学告发，遭到了退学的处理。

有人会说，这未免有点儿小题大做了吧？仔细想想，如果一个人不敢面对自己的错误，不必为自己的错误负责，将来很有可能会故意地犯错、说错，那就是撒谎和欺骗。这样的人就不再是一个诚实可信的人，这样的组织也会丢掉它最为宝贵的东西——荣誉。

细微之处见精神，这句话是一条真理。对军人来说，任何有损荣誉的语言和行为都应当禁止，倘若他对自己的身份、工作有足够的荣誉感，他必定会极力维护自身和组织的形象。

从人民军队诞生时起，军人的荣誉就与国家命运紧紧联系在一起了。若没有党的指挥，若没有追寻党的信念，红军不可能在长征中创造出人类战争史上的奇迹。恰恰是有了这样的信念，战士才能雄赳赳、气昂昂地跨过鸭绿江，与武装到牙齿的联合国军进行生死较量，为祖国赢得了尊严，为军人赢得荣誉。

荣誉的价值，不是金钱能够衡量的，也不是身份、地位换来的，它需要沿着道德的路线走，秉承实事求是的精神，放弃私心杂念和非分之想，摒弃极端的个人主义情绪，不受纷纷扰扰的功利思想诱惑，时刻把集体的荣誉看得高于一切，就像艾森豪威尔所言："如果人们只是追求高薪与地位，这是一件危险的事。它表示这个民族的荣誉感已经消失了，也就是说这个民族以后会一直像奴隶一样生活。"

荣誉是一种精神信仰，是比财富、名利甚至生命更重要的东西。无论你现在身处什么样的岗位，从事什么样的工作，都要成为一个有荣誉感的人，珍惜肩上的那份荣誉，别因为它沉重就将其丢弃，要知道，荣誉是良心赐予我们的冠冕，更是区分平庸与伟大的标签。没有荣誉支撑的人生，就算拥有再多的名利财富，也无法给你真正的心灵归宿。

在荣誉面前，生命总显得那么卑微渺小，因为生命会消失，而荣誉却能够永垂不朽。虚荣的人只看重自己的名字，伟大的人却更看重自己的事业和国家。每个人都是从平凡中起步的，但若能摒弃肤浅的虚荣，把荣誉装进心里，就能把对荣誉的渴望化为生生不息的动力，成就精彩而有价值的人生，让自己从此不再平凡。

何祥美 | 只有居安思危的理由，没有安享太平的借口

● 居安思危的"三栖兵王"

武装越野，身高不足 1.7 米的他，负重 25 公斤的装备持续跑完 27 公里；渡海登陆，他赤臂游泳 1 万米，10 公里武装泅渡只用了 2 个半小时；悬崖攀登，40 米高的陡峭崖壁，他手脚并用第一个登上了顶峰；空中攻击，他驾驶新型装备长时间超低空飞行执行任务……他，就是中国的"三栖尖兵"、2010 年度感动中国十大人物、第三届全国道德模范——何祥美。

许多人惊叹：何祥美是如何做到的？

其实，秘诀只有朴实的四个字：居安思危。

"生于忧患，死于安乐"，战争年代远去了，但作为军人，任何时候都不能懈怠，必须保持高度的警惕性。在训练的时候，每个人都把自己视为最强大的战士来进行磨砺，而那些看似残酷的特殊训练，也是为了提醒战士随时准备战斗。真正的和平绝不是信手拈来的，一定

是用枕戈待旦换取的。

何祥美出生在江西赣州一个四面环山的村子，1999 年应召入伍。只有初中文化的他，对这个机会倍感珍惜，因为终于可以走出大山，看看外面的世界了。

初入军旅的他，被分配到了条件艰苦、训练十分严格的部队。和许多新兵一样，他也苦闷过、动摇过；但又像许多老兵一样，在组织和战友们的教育、帮助下，懂得了当兵的意义，从苦闷到振奋，从动摇到坚定。

当兵的第六年，南京军区抽调了一批训练尖子，组成狙击手集训班，何祥美就是其中的一员。集训一开始，教官就将营院里的 400 米跑道改造成了意志训练场。何祥美和战友们每天都生活在刺耳的枪声和硝烟弥漫的环境里，要反复地练习蚂蚁坑、扛圆木、上懒人梯、闯火线、匍匐前进……半天的训练下来，大家累得连吃饭的力气都没有了，可是要成为狙击手中的王者，就必须忍受这种炼狱般的生活。

为了持枪更稳，何祥美把圆石子、弹壳放在枪管上，2 个小时不能掉，掉一次多练 10 分钟。2 个小时下来，他的身体已经僵硬到几乎无法动弹的地步。为了提高识别目标的能力，他每天盯着手表的秒针训练，做到 5 分钟不眨眼，迎风迎光迎沙不流泪。

在 10 个多月的魔鬼训练中，何祥美始终把自己当成对手，在一招一式中积淀，在孤独寂寞中锤炼，他一步步地朝着优秀狙击手的目标靠近，练就了"枪王"的真功夫。在此期间，他还先后在各种"战场"上摔打历练，跳伞、机降、潜水、动力三角翼、枪械等训练全都反复练习过。

第一次跳伞时，他就遇到了险情，从千米高空跳下时，主伞竟无法打开。尽管情况危急，可他非常冷静，成功地把两根压住伞衣的伞绳张开；动力三角翼集训时，他花费大量时间琢磨英文说明书，成为第一个单飞的学员；敢于挑战极限的他，在经过简单的训练后，就能够潜水至 12 米以下。

为了锻炼自己的体能，何祥美坚持每天早起 1 小时，穿着沙背心跑步，早上 5 公里，下午 10 公里，现在的他就算负重 20 公斤，依然可以健步如飞。射击的精准度对环境特别敏感，风、雨、光和气温、气压、距离等稍有变化，便要对瞄准点进行"修风"，他把数千个参数写在小卡片上，一有空就掏出来背，如今能准确判定风向、风速、目测距离和高低角，误差接近于零。

在部队历练的这些年，何祥美早已不再是当初走出大山时的模样了，他已经具备了"三栖"作战能力，成为一名全能的优秀战士了。

● 为了履行使命而奉献

2001 年，何祥美在部队的两年服役期已满，去留成了他必做的抉择。父亲希望他退伍，家里需要青壮年分担劳务，身体不好的母亲也需要他的照顾；自己开公司做老板的姐夫，也打电话给何祥美，让他回去跟自己一起兴业致富。

何祥美爱自己的家，也爱父母，更知道离开部队可以过安逸舒服的生活。可是，身着军装的他心里更清楚，军队是为了保卫国家而存在的，没有军人的奉献，就没有国家的安宁。他说："没有国，哪有家？身为一名战士，就要为履行使命而奉献。"

就这样，何祥美决定留在部队，转改士官。

一晃3年的时间过去了。2004年12月，何祥美再次面对去留的问题。此时的他，已经是部队里有名的尖兵了，具备"三栖"作战能力，有自己的绝杀技能，赢得了不少单位和企业老板的青睐。有的甚至开出了月薪8000元、一套3室2厅住房的优厚待遇聘用他，还有的希望用年薪20万雇他做保镖。

艰苦的军旅生涯，舒适安逸的日子，多数人在面临这样的选择时，都会感到纠结。可对于何祥美来说，他对何去何从并未有太多的犹豫，自己的一身技能都是在部队训练出来的，人生最精彩的舞台就是军营，自然要选择留在部队。

2007年，那时的何祥美，已经在部队待了8年。那一年11月的某天，国家某部门的一位领导在厦门参加会议后，特地跑到部队观看何祥美的狙击表演。看完何祥美的精彩射击后，他对陪同的部队领导说："能不能让这个'枪王'退伍后，到我们单位工作。"部队领导告知："能到你们部门上班固然好，但我们部队也需要这样的人才，这得征求他本人的意见才行。"何祥美知道后，毫不犹豫地谢绝了。

老兵退伍前夕，不少大城市的公安机关都派人或来函，说只要何祥美脱掉军装，就特招为特警并转成公务员。亲友们得知后，都劝他别再错失良机，可何祥美还是认为，自己的本领是战场对敌的"撒手铜"，而不是个人命运的"敲门砖"。第二天，他就向连队递交了转改三级士官的申请书。

当兵就当能打仗的兵

何祥美多次代表部队参加重大演出和汇报演出活动，每次都出色地完成任务，并有了"枪王"、"三栖精兵"的美誉。在面对鲜花掌声、名利荣誉的时候，何祥美没有陶醉，也没有松懈，而是更加刻苦地训练，自觉地付出，积极地回报组织给予的关心和照顾。

在他心里，军人的荣誉从来都是属于集体的，属于组织中的每一个人。2004 年 5 月，连队跳伞训练结束后，组织评功评奖，战友们纷纷推荐他荣立三等功，全连一共 53 人，他得到了 52 票。没想到，何祥美当即起立说："指导员，这功我不能要，功劳属于大家。"最后，在他的强烈坚持下，连队重新研究，给另一位班长记了功。

2008 年，何祥美先后两次到北京参加重要的颁奖活动。其间，他和杨利伟、李中华等英雄模范学习交流，主动寻找自己的差距、思想上的不足，积极地学习，强化自己的责任感。回到连队后，他给自己制定了更高的目标，更严格的训练标准，力争一流。

在军事训练中，遇到脏活累活，何祥美总是跑在前面，尽管他已经是军队内外享誉盛名的战士，可他依然跟从前一样，没有丝毫的傲慢和懈怠。战友们都说，何祥美还是原来的样子，一点儿都没有变。

入伍十余年，何祥美的心里始终锁定着同一个目标——"当兵就当能打仗的兵"。入伍第一年的跳伞训练，他是新兵中的"第一跳"；海底潜水考核，他是同批学员中潜得最深的；轻武器射击，200米目标他指哪打哪，成为上海合作组织峰会安保任务中的"1号狙击手"。

看到这样的成就，有些人会觉得，何祥美天生就是当兵的料，是可塑之才。其实，没有任何一种成就是从天而降的，所有的傲人业绩背后都隐藏着不为人知的艰辛和努力。很少有人知道，潜水最深的何祥美，原本是一个"旱鸭子"。在新兵连时，他参加全连3000米的游泳比赛，是倒数第一名。可他不服输，不断地挑战自己，超越自己，最后成了"浪里白条"。

选择了做军人，就注定选择了与风险艰苦相伴。何祥美一直说："要当个好兵，最舒服的日子永远是昨天。"他把练就打赢本领当成自己的终极目标，把对党的忠诚、对祖国的热爱，化作一次次对极限的挑战。有一次，在无名小岛进行潜伏训练，何祥美面对300名教官的"拉网搜捕"，连续潜伏三个昼夜生生没有挪窝，创造了部队狙击手潜伏时间最长的纪录。

何祥美是一位普通的战士，可他彰显出的军人风采，却闪烁着不凡的光芒。他用自己的事迹，向所有人展示了中国士兵的时代形象，几乎所有看过他表演的人，都会禁不住竖起拇指，说一声"了不起"。

"了不起"，只有区区三个字，背后却是何祥美搏击人生的追求和洒在训练场上的无数血汗。他在精武的路上不断地挑战自我，挑战极限，追求卓越。这些年里，他先后20多次受伤，2次骨裂，全身留下10多处疤痕，多次与死神交锋。在他身上，我们看到的是敬业的力量，是勇敢的品行，是居安思危的觉悟，它们驱动着何祥美去走别人没有走过的路，心无旁骛地攀登着一个又一个高峰。

身为战士，何祥美就像是一颗上了膛的子弹，随时准备射向敌人。他如今具备30多项作战技能，真的是打仗需要什么，他就练什么、钻什么、精什么。真正优秀的战士，永远都是平日里多流汗、多付出，未雨绸缪，才能在关键时刻拿出精湛的技术，用于实战。为了捍卫军人的荣誉，为了将来能扛枪上阵，他时刻准备着，只要祖国召唤，他就会随时出发！

平凡不平庸，精通不普通。与何祥美一样，我们也是不同领域中的平凡人，但若我们有了崇高的理想，责任的使命，具备了踏实苦干的精神，一样可以书写"了不起"的人生。

丁晓兵｜20 年前赴汤蹈火，20 年后感动中国

● 用左臂敬礼的军人

海明威在《战地春梦》这本有关第一次世界大战的小说中写道："世界击倒每一个人，之后，许多人在心碎之处坚强起来。"在遇到挫折打击时能够爬起来前行，在面对重压时依旧傲然挺立，不放弃自己的理想，坚定自己的方向，这就是意志力对人所起的积极作用。

20 年前，他是赴汤蹈火的英雄；20 年后，他是感动中国的榜样。有人说，他是一座富矿，蕴藏着太多优秀的品质和高尚的精神。他在战时敢舍命，平时能忘我，从逆境中挣扎启程，在顺境中保持清醒。他就像一把号角，让理想与激情在士兵的心中蔓延。他，就是现任中国人民武装警察部队广西总队政委、被评为第八届"中国武警十大忠诚卫士"、被中组部授予"全国优秀共产党员"荣誉称号的铁血少将——丁晓兵。

在整齐划一的某军队方阵中，所有人的动作都是一致的，唯一站

在方阵队伍最前面的领队者丁晓兵，选择用左手敬礼，这绝非在搞特殊化，因为他是一名独臂的军人。

丁晓兵是安徽合肥人，1983 年入伍，参加过两山战役，曾担任昆明军区第二侦察大队侦察四连捕俘手。1984 年 10 月，丁晓兵所在的侦察大队参加边境防卫作战，为了争取到最艰巨的任务，他用鲜血写下战书："我坚决要求参加战斗，打头阵、当尖兵，请党在战斗中考验我！"他先后出色地完成了 20 多次侦察和作战任务。

有一次，他们潜伏到敌方阵地前沿执行侦察和抓捕任务，后与敌方交上了火。当时，侦察连有 4 个捕俘手，高地上驻扎了 40 多个敌人，他们准备虎口拔牙强势抓捕。整个行动进展得还算顺利，敌人还没有反应过来的时候，他们已经得手了。

然而，在撤退的时候，意外发生了。敌人开始疯狂地进行火力报复。丁晓兵说，当时 3 个高地的火力同时向他们进行压制，封锁了撤退的线路。突然，一枚手雷从高地砸过来，那时候也没顾得上多想，因为抓住了一个俘虏，他把俘虏一把压在地上，右手抓着手雷就想往外扔，可是已经来不及了。

丁晓兵回忆道，当时手雷在被扔出的时候炸了，那一瞬间并不知道自己的手臂没了，因为爆炸的冲击波将他震出很远。等他醒来后，发现俘虏在往回跑，他一下子就把对方扑倒了，当时本能地想按住他的脖子，可一下子就歪倒了，这时才知道手臂肘关节已经没了，大臂的骨头一下子就插到了土里面。

等他爬起来的时候，看到大臂的部分只有一点点皮了，当时已经完全麻木了，感觉不到疼痛，只是大臂的血管不住地往外喷血。丁晓兵压着那个俘虏，开始喊："连长、班长你们赶快过来，我胳膊断了。"

战友们过来后，制服了俘虏，而后用止血带为丁晓兵做了一个简单的包扎。接着，他们就冒着敌人的枪林弹雨向后撤退。撤退的时候灌木很多，过程中有一位战友不幸牺牲，而他们还要把这名牺牲的同伴背回来。当时的行动非常困难，敌人的火力也很猛。

丁晓兵断裂的手臂只有一点点皮挂在上面，所以总被树枝挂住，扯得皮很痛。最后，他竟然用匕首把那只断臂割掉了。当时，因为想着带回来缝一缝还能用，就把断臂别在腰上。中途好几次，他都差点撑不住了，老班长一边走一边掐他的人中，说："晓兵你不能倒下去，再过一会儿我们就到了，你坚持一下。"

那时，有一种必须完成任务的信念，也有一种求生的本能，让丁晓兵撑了三个小时，一路滴着血往回走。这时，他看到了自己的战友抬着担架赶来。在看到担架的那一刻，他突然撑不住了，一头栽倒在地上。后来，他才知道，战友们当时都以为他牺牲了，含泪为他化妆，紧紧抱着迟迟不忍就此让他离去。此时，路过的前线医疗分队目睹了整个场景，开始全力抢救丁晓兵。医务人员经过了三天两夜的抢救，才把丁晓兵从死神手里抢回来。

此役过后，丁晓兵荣立一等战功，荣获团中央为他特设的第101枚"全国边陲优秀儿女"金质奖章。全国各大媒体都开始争相报道丁晓兵的英雄壮举，他的事迹震撼了那个崇尚英雄的时代，也打动了每一位中国青年的心。。

● 身躯可残，志不可残

成为战斗英雄之后，丁晓兵的家乡安徽省政府决定让他担任省残疾人福利基金会常务副理事长，相当于副厅级干部；也有不少公司、单位和个体老板向他抛出橄榄枝，请他到单位担任要职，许诺给他高薪、住房和车子。

很多人劝丁晓兵："你现在只有一条左臂，留在部队很难有好的发展，还是趁着现在名气大、影响大，赶紧给自己找一条好的后路吧！"在鲜花、荣誉、掌声、利益面前，丁晓兵不为所动，坚决不离开部队。

1988 年，丁晓兵以优异的成绩从南京政治学院毕业，放弃了留校任教和进机关工作的机会，毅然决然地打起背包，来到了偏僻的大山里做起了连队指导员，一干就是十余年。2001 年，他所在的团赴沪、苏、浙等地执行协助海关监管任务，时任政治处主任的他主动请缨，要求负责拒腐防变形势最为严重的浙江片区。

身边有人劝丁晓兵不要去，毕竟做主任已经 4 年多了，万一有什么闪失，肯定会影响个人进步。丁晓兵不以为然，还是决定站在风口浪尖上，为国把关。驻地曾有一家公司找过他，只要派 3 名战士晚上给公司看大门，一年可支付他 8 万元的薪酬，却被他断然拒绝。他说："我手中的权力是党给的，只能听党指挥，绝不能让钱指挥。"

面对生与死、得与失、进与退的选择，丁晓兵虽然失去了很多，可他始终未忘初心，无悔地践行着对党、国家、人民的铮铮誓言。他总说："人可以有残缺之躯，但不可有残缺之志。"

失去右臂后，丁晓兵开始练习用左手拿筷子、系腰带、写字，克服了常人难以想象的困难，在很短的时间内就具备了基本的生活技能。为了练好打背包，他一个人躲在房间里用嘴和脚不停地练习，练得脚趾磨破了皮，嘴角流出了血，直到打背包的速度全连无人能及。在军事训练方面，他也从未放松过对自己的要求，8 个军事科目考核，取得了 7 项优秀、1 项良好的成绩。

凭借着这股不服输的心气儿，丁晓兵走到哪儿，就把红旗扛到哪儿。担任指导员 4 年，他带领的连队荣立一等功 1 次，二等功 1 次，三等功 2 次，被南京军区评为"基层建设先进单位"；担任政治处干事，他先后刊发了 100 多篇报道，被南京军区评为"新闻工作先进个人"。

2003 年 7 月，担任团政治委员的他，带领全团官兵奉命赴淮河流域执行抗洪抢险任务。哪里最危险，哪里就有他的身影。当时，寿县瓦埠湖堤坝突然发生特大管涌，他第一个跳进了激流中，和党员突击队一起打桩、运土扛包，经过了连续 19 个小时的艰苦奋战，总算保住了县城。激战之后，他的断臂伤口因为在污水中浸泡时间太久，出现了严重溃烂的情况，残留在身上的一块弹片露了出来，此时他才想起自己，才觉得断臂疼痛难忍。

● 铁骨柔情，情系官兵

丁晓兵经常对基层干部讲："作为带兵人，不能把关心爱护士兵单纯地看作是一种工作方法，而要看作为党凝聚军心的政治责任，始终做到秉公用权，情系官兵。"

南方的部队夏天有冲凉水澡的习惯，但凉水一激很容易患上风湿性关节炎和静脉曲张，丁晓兵就决定把这个习惯改一改。在他的倡议之下，团党委筹集20万元，通过公开招标，为全团每个连队都安装了太阳能热水器。工程结束后，他带领后勤处长和营房股长，把每个连队的每台设备都检查了一遍，24个喷头全部亲自试验。一营的热水器水压不够，他要求施工单位换了3次，直至满意，目的就是让战士们能洗上热水澡。

最让部队干部挠头的事情，莫过于转业干部的工作安排，以及随军家属的就业安置问题。他总觉得，干部把人生最宝贵的年华都奉献给了部队，决不能撇下他们不管，这样的做法也会伤了留队干部的心。作为一名战斗英雄，丁晓兵经常被邀请到党政机关、企业学校去作报告，作完报告后对方总会问他，有什么个人困难要解决？他的回答，永远都是转业干部、随军家属的安置以及孩子的上学问题。十几年来，丁晓兵先后帮130多名转业干部和60多名随军家属解决了工作安置的问题。

为党带兵，就要把兵带得让党放心，这是丁晓兵一贯坚持的原则。

他除了在生活方面关照官兵，在思想上更是合格的导师，引领他们走好人生之路。在他的教育帮助下，28 名有过不良习惯的战士发生了转变，30 多名战士考上军校，17 名战士直接提干。

作为一名优秀的军人，丁晓兵有勇有谋，屡立战功；作为一名军队干部，他体恤士兵，温暖宽容。他总说，自己是为人民利益而来，为人民利益而战。从战场到教室，从机关到团队，从士兵到干部，他战胜伤残，战胜自我，不断拼搏，为全军树立了一个模范榜样，也彰显了强大的意志力。

意志，是支撑人生的钢梁，是成就英雄的法宝。

在丁晓兵身上，我们看到什么是"钢铁般的意志"，也见识到了什么是铮铮铁骨，勇往直前。丁晓兵家的客厅里，挂着他用左手书写的诗句："俯仰无愧天地，褒贬自有春秋。"而他对自己的要求，就是做一竿翠竹，有骨有节，顶天立地。

李中华 | 在蓝天上谱写一个时代的狂飙歌

● 活在冒险与辉煌之间

美国富尔顿学院的一位心理专家说过："我们最大的悲剧不是恐怖的地震，也不是连年的战争，甚至不是原子弹投向广岛，而是千千万万的人活着然后死去，却从未意识到存在于他们身上的巨大潜能。"

每个人身上都有无限的潜能，但这种潜能在平常状态下很难发挥出来，需要一定的条件才能够爆发。这个条件，就是敢于挑战自我，用最严苛的标准要求自己，相信自己可以抵达理想中的目标。敢于冒险是一种勇气，勇者永远值得敬畏。作为军人，勇敢是必备的素质，如果一个军人丧失了勇气，他就不可能在战场上取得胜利。

翻开中国试飞员的群英谱，有一个人总在"冒险"，并与诸多辉煌的时刻紧密相连——

国产歼-10战机主力试飞员，创造了该机最大飞行表速、最大动升限、最大过载值、最大迎角、最大瞬时盘旋角速度、最小飞行速度等六项惊人的记录；中国试飞员中第一个掌握国产三角翼战机和某重型战斗机失速尾旋试飞技术的人，填补了我国试飞领域的空白。

5年的时间里试飞国产新型战机高难科目61个，其中一类风险科目高达57个；中国试飞员中第一个驾驭苏-27战机的人，飞出了高难特技动作"眼镜蛇机动"，是迄今为止完成该动作最多的中国试飞员。

成功处置15次空中险情、5次空中重大险情，先后荣立一等功1次，二等功5次，三等功6次；获得国家科学进步特等奖、二等奖各1次，国家航空工业部门先后给他记一等功4次，二等功5次，三等功6次。

他，就是现任空军某试飞团副团长、空军特级飞行员、功勋飞行员，中国首批双学士试飞员，国际试飞员——李中华。

● 试飞是刀锋上的舞蹈

每一架新型飞机，都必须经过试飞的过程；每一次试飞，都要探测和确定飞机的可能性与未知性；每一次试飞都是试错，而试错的代价就是试飞员的生命。从实验样机到装备部队，一款战机的成熟定型，需要数年乃至十余年，在这些不为人知的岁月里，试飞员告诉我们："战机根本不是设计出来的，而是飞出来的。"

李中华，就是让这些战机"飞出来"的人。战斗机飞行员是一个极具危险和挑战的职业，被誉为空军的"王牌"，而战斗机试飞员就是"王牌中的王牌"。他们驾驶的飞机，是普通飞行员从未飞过的、最先进的、最前沿的机型，实现的是飞机从蓝图到钢铁雄鹰的跨越。

对李中华来说，每一次试飞都是"刀锋上的舞蹈"。

2007年5月20日，西安郊区中国飞行试验研究院机场一片忙碌，试飞的几架飞机中，有一架是李中华用变稳飞机带飞空军第四试飞大队在进行"驾驶员诱发震荡敏感等级"科目的试验。12时22分，飞机突然向右侧剧烈偏转，机头向右上方仰起后向下滚转，瞬间由大侧滑进入"倒扣、下降"的状态，很有可能进入"尾旋"。

李中华意识到，自己遇到了重大险情。此时，飞机距离地面只有400米的高度，坠毁不过是几秒钟的事。学员下意识地喊道"飞机不行了"，而李中华却处变不惊，保持着镇定。他考虑到学员对飞机不熟悉，一边稳住对方的情绪，一边采取应急处置措施。按照正常的处置程序，切断变稳系统后，没有任何反应，他立刻转换思路，左右手齐动，关闭变稳系统电源等，使飞机恢复了手动操纵。此时，飞机距离地面只有200米，从发现故障到排除、改出，李中华只用了6秒！

飞机顺利回到了地面，现场的试飞专家激动地说："这次险情发生得太突然，危险性极大，如果不是李中华技术过硬、心理素质强，进行了及时、正确、有效的处置，是肯定要摔飞机的。李中华保住的不仅仅是一架经济价值极高的变稳飞机，更是数十年来科研人员智慧和心血的结晶。"

● 伏案苦读争当全能试飞员

过硬的心理素质，源自精湛自信的技术，而练就这一身本事，却不是一件轻松的事。

李中华说："我国航空科研试飞技术和发达国家相比，还有不小的差距。要缩短差距，就得拼命地钻、虚心地学。"他曾经三次赴俄罗斯深造，可至今为止，他都不知道莫斯科郊外的晚上到底有多迷人，他的记忆里只有伏案苦读的不眠夜。

1994 年春天，我国首次选拔李中华等三名试飞员赴俄罗斯试飞员学院深造。在此之前，中国没有一名取得国际试飞员合格证书的试飞员，很多科目都只能花费重金聘请国外的试飞员来试验。对李中华和战友来说，出国学习的第一个拦路虎就是语言。俄方的教员都带有方言口音，一堂课下来，李中华的笔记本全是空白的，根本听不清楚对方在讲什么。

课间休息时，他只好鼓起勇气去找教员，请求对方讲得慢一些。可教员却说，自己习惯了这样讲。当环境不可能改变时，唯一能做的就是改变自己。李中华红着脸默默退下，决定"拼了"。那段时间，他跟房东俄罗斯大婶、刚上小学的俄罗斯小姑娘一起学习俄语。最后，他和战友不仅能用流利的俄语对话，还能用俄语写论文进行答辩，以全优的成绩通过考试。

然而，理论知识只是一部分，重要的还是实战。等真正走进俄罗斯试飞场，李中华很震惊：俄罗斯的试飞员个个都是多面手，歼击机、轰炸机、非运输机和直升机，什么机型都能够驾驭。这时，李中华领悟到，现代试飞技术是一个大系统，一名只会飞歼击机的试飞员，不会对现代航空技术有全面系统的理解。

于是，他和战友们决心也要力当试飞多面手。一年的时间里，他和两名战友每天只睡 5 个小时，上千次地演练，以惊人的毅力完成了国际试飞员的所有课程，且试飞了多款机型，成为名副其实的"全能试飞员"。

回国的时候，李中华没有带回一件特产，而是背回了 30 多公斤宝贵的试飞资料。他和战友们结合中国的试飞特点，编写出了中国最新的《试飞大纲》，推广到全空军试飞部队。他们整理出的《试飞员培训手册》，为大批优秀试飞员脱颖而出打下坚实基础。

● 挑战技能，突破极限

1997 年 4 月 23 日，李中华再次踏上俄罗斯的土地。在去往俄罗斯国家试飞学院的路上，他在思考一个问题：如何向俄方表达自己想要试飞"眼镜蛇"的意图？

世界所有顶尖的飞行员，都希望能够亲自驾驭飞机完成"眼镜蛇"动作。所谓"眼镜蛇"，就是过失速机动动作。1989 年 6 月在巴黎航展上，苏联著名试飞员维克多尔·普加乔夫第一次在全世界面前表演了眼镜蛇机动，震惊全场。

当时，俄罗斯只有几位资深试飞员能完成这个动作。李中华觉得，如果自己能够做到的话，不仅是飞行技术上的突破，也能够向世界证明，中国空军试飞员也可以达到外国试飞员能够达到的技艺和境界。

走进校长办公室，李中华受到了校长的热烈欢迎："中国勇士，你是我最出色的学生之一，这次回来想飞什么？"李中华非常坚定地说："飞'眼镜蛇'！"校长先是一惊，而后说道："好吧，我答应你，但你要知道，它充满了风险。"

在试飞"眼镜蛇"动作之前，李中华做了很多准备工作，他在两个月的时间里完成了苏-27的所有失速尾旋的试飞科目，这些高强度反常规的操作，不断考验着他的身体和意志的极限。终于，他等到了与"眼镜蛇"过招的那一天。

那天，李中华驾驶的苏-27战机飞向蓝天，在8000米指定空域，他一边默念操作程序，一边紧盯着速度表，开始有序地操作。一连串的动作完成后，机头猝然抬起，李中华被强大的重力加速度压向座位……他第一次顺利完成了"眼镜蛇"动作。

然而，对自己的表现，李中华并不是很满意。他发现，驾驶杆没有回到中立位置，导致飞机产生了偏转，而完美的"眼镜蛇"机动不应该有任何的偏转。再来一次！机身发生了反倒向偏转。此时，后座的俄罗斯资深试飞员喊道："危险，危险！"这是进入尾旋的前兆。

李中华早已做好了心理准备，他迅速将飞机控制住，第二次、第三次……第六次，一遍又一遍，他驾驶的飞机从高空8000米一直飞到1000米，"眼镜蛇"终于被他降服了。走下飞机后，俄罗斯的试飞员拍了拍他的肩膀说："祝贺你，完成'眼镜蛇'动作是飞行员至高无上的荣誉。从此以后，我们的飞机对你来说，没有秘密了！"

当他完成了这个动作后，中国试飞研究院总师给出了这样的评价："我敢说，李中华对这个动作的理解，比它的创始人普加乔夫还要深刻。"对此，李中华却说："不能这样讲，普加乔夫是一名先驱者，他很了不起。"他对很多优秀试飞员都充满了钦佩与崇拜，但他说："崇拜不是重复，试飞员不仅要用身体飞，还要用脑子飞。只有这样，才能激发出飞机的潜能，甚至发现潜在的设计缺陷。"

试飞是刀锋上的舞蹈，是一种残酷的科学。在这个充满危险的岗位上，李中华从未退缩过。在他看来，试飞员遇险不是什么新鲜事，平安无事才不可思议，和危险抗争搏斗，直至战胜它，是试飞员的使命和光荣。

曾经有人劝李中华换一个职业，他却说："假如有一天中国只剩下一个试飞员，那就是我——与死神20次掰手腕，我都赢了。只要科学加勇气，下次一定还会赢。"说起过往20次遇险时那些惊心动魄的场面，他非常平静，就像面对过眼云烟一般。

当记者问他："作为我国第三代战机的主力试飞员，现在你最想试飞什么飞机？"李中华的眼睛里，闪烁出一丝光华，他抬起头，望着远处的地平线，说了三个字："第四代！"

挑战技能、突破极限，这是对意志和勇气的磨炼。在前进的道路上，还会有诸多未知的风险，也有会意想不到的挑战，可对于敢笑着迎接挑战的试飞尖兵李中华来说，他愿意接受所有的使命和危险，他也努力飞得更高、更快、更远！

杨利伟 | 飞天时从容镇定，成功后理智平和

● 看得到的光彩，看不到的艰辛

"那一刻当我们仰望星空，或许会感觉到他注视地球的目光。他承载着中华民族飞天的梦想，他象征着中国走向太空的成功。作为中华飞天第一人，作为中国航天人的杰出代表，他的名字注定要被历史铭记。

"成就这光彩人生的，是他训练中的坚忍执着，飞天时的从容镇定，成功后的理智平和。而这也是几代中国航天人的精神，这精神开启了中国人的太空时代，还将成就我们民族更多更美好的梦想。"

看到上面的那段颁奖辞，你一定猜到了，它歌颂的是那个圆了中华民族几千年梦想的英雄人物——飞入天空的第一位中国航天员，杨利伟。

1965 年，杨利伟出生在辽宁省葫芦岛市绥中县。他自幼比较文弱，性格内向，略有些胆小。为了磨砺他的性格，父亲每年寒暑假都会有

意地带他去爬山，到县东六股河游泳。渐渐地，杨利伟就对探险和运动产生了兴趣，经常跟同伴跋山涉水野游，寻访古寺遗址。

1983 年 6 月，正在读高三的杨利伟，赶上了空军招收飞行员。一直怀着从军梦的杨利伟，第一个到选飞报名处报上了自己的名字。经过严格的选拔、考察、体检、面测等一系列程序，18 岁的杨利伟正式成为中国人民解放军空军第八飞行学院的一名学员。那时候，当飞行员是很多年轻人的梦想，他能在几百人中脱颖而出，并顺利通过高考，在县城里引起了很大的轰动。

1992 年夏天，杨利伟所在的部队到新疆某机场执行训练任务。突然，飞机发出了一声巨响，碰上了严重的"空中停车"故障，飞机的一个发动机无法正常工作了。在这个紧急时刻，杨利伟非常冷静，他把战机顺利开回了基地，因此荣获了三等功。

1998 年 1 月，杨利伟和其他 13 位空军优秀飞行员一起，成为中国第一代航天员。

在北京航天员训练中心，杨利伟开始了艰苦的训练生涯。

当时，他每天要学的课程很多，有天文学、天体力学、空气动力学、心理学、航天医学、外语等，涉及三十多个学科、十几个门类，比在飞行学院时的压力大得多。许多知识是他之前没有接触过的，要学习和掌握它们非常困难。

好在，杨利伟是一个肯钻研的人，靠着一份不怕苦的劲儿，待理论学习结束后，他的成绩是全优。不过，这只是一个开始，想成为合格的航天员，除了扎实的理论基础外，还得有过硬的身体素质，而这又得经历一番艰难的训练。

在常人看来，太空神奇而美妙，可对于要进入太空的航天员来说，太空除了奇美之外，也是残酷的。那里没有氧气、没有水、没有重力，一应人类赖以生存的要素它都不具备。要想进入天空，航天员必须在密闭狭小的飞船里经历超重、失重相互交替的过程，这个过程是很痛苦的，要求航天员必须进行一系列的专门训练。

航天环境适应性训练是最痛苦的，完全是在挑战人的极限。以"超重耐力"为例，在飞船处于弹道式轨道返回地球时，超重值将达到 8.5 个 G（一个常用于度量重力加速度的单位），即人要承受相当于自身重量 10 倍的压力。在这种情况下，很容易造成呼吸严重困难或停止、意志丧失、"黑视"，甚至危及生命。想做飞天的宇航员，必须得经过这一道坎儿。

杨利伟在训练中是很讲究技巧的，他会依据个人体验的方法去练习，及时跟教员沟通，总结出规律和方法，让一些极具挑战的严格训练变得轻松一些。2003 年 7 月，经载人航天工程航天员选评委员会评定，杨利伟具备了独立执行航天飞行的能力，被授予三级航天员资格。

● 十年磨一剑，只为最后的出征

2003 年 10 月 15 日早晨，杨利伟进入飞船，按照规章程序进行发射前的各项准备。8 时 59 分，指挥员下令"1 分钟准备"，火箭即将点火。指挥大厅里有诸多观看飞船的人，个个都很紧张，那一瞬间，空气都仿佛凝固了。

杨利伟在飞船内平稳地注视着前方，等待着辉煌时刻的到来。国外有关资料显示，航天员在发射前因情绪激动或紧张，心跳通常都会加速，有的达到140次/分，而杨利伟的心率是76次/分。

指挥大厅里传出了清晰的口令声，杨利伟向所有人敬了一个标准军礼后，飞船起飞了。从飞船的舷窗向外望去，杨利伟告诉大家，他看到美丽的太空了。飞船进入了太空轨道，杨利伟感觉到身体飘了起来，又觉得好像头朝下脚朝上，非常难受。他意识到这是在太空失重下出现的一种错觉，若不及时克服，很可能影响任务的完成。他借助平时训练的方法，凭借顽强的意志，对抗并战胜了这种错觉，很快就恢复了正常。

飞船绕着地球以90分钟一圈的速度高速飞行，昼夜交替，地球边缘仿佛镶着金边。杨利伟拿起摄像机，拍摄到了这奇异的景色。飞船绕地球飞行第十四圈后进入了返回阶段，这是整个飞行最关键、也是最危险的阶段。飞船要以每秒8公里的速度穿越"黑障区"，船体要经受2000摄氏度高温的考验，而杨利伟成功做到了，顺利地度过了这个危险时段。

10月16日，杨利伟成为全国人民心目中的民族英雄。那天，他回到北京航天城时已经是晚上了，21个小时太空之旅的疲惫还尚未消除，他就开始给教员们挨个打电话，汇报自己在太空的情况。此时，电视里全是他的新闻和形象，而他却好像什么事也没发生一样。

11 月 7 日，杨利伟被授予"航天英雄"的称号，在人民大会堂获得了奖章和证书。面对这样的荣誉，他说："感谢祖国和人民对我的培养。光荣属于祖国，光荣属于人民，光荣属于千万个航天人。我为祖国感到骄傲。我将继续努力工作，时刻准备接受祖国和人民交给我的任何任务！"

● 在荣誉的光环下低调如初

从杨利伟返回地面的那一刻起，他就成了万人瞩目的焦点，生活轨迹也发生了很大的变化。他从一个单纯封闭的训练环境走出，要接受媒体访问，到国内外访问，参加各类社会活动，这些事情一段时间内成了他主要的工作。

记者问杨利伟："是否适应这种变化，事先有没有心理准备？"他很直白地告知，这种心理准备是没有的，就个人而言，他完全是按照一项任务去执行的，他是在弘扬一种精神，让更多的人了解航天，起到一个科普的作用。

面对庆祝活动和报告会，以及诸多的荣誉奖项，杨利伟表示，这比执行任务的压力要大得多。但在媒体宣传告一段落的时候，他还是很快就重新投入到训练中，跟其他的战友一样，没有什么特别的变化。陪同在杨利伟身边做活动的工作人员也曾说过，在跟杨利伟接触的过程中，没有感受到任何的张扬，他待人接物非常谦虚。当别人称赞他时，他总说自己只是一名普通的航天员。

问到对将来有什么计划，杨利伟说，作为航天员，最渴望的就是有机会执行更多的任务，为国家的航天事业贡献自己的力量。他时刻秉承着一颗平常心，无论是面对曾经默默无闻的艰苦训练，还是飞天后的荣誉光环，在杨利伟心中，他只是尽力完成了一项任务，和每一个在工作岗位上尽职尽责的人没什么区别。

耐得住寂寞才守得住繁华，能在繁华中保持平常心，更是一种境界。

浅薄的人往往以为自己的本事是充盈的，而智者却总是深感学海无涯，保持着谦卑进取的姿态。就像英国小说家詹姆斯·巴利所说："生活，即是不断地学习谦逊。"即使获得了很多荣誉，身处很高的位置，依然不可居功自傲、矜才使气。

在荣誉的光环之下，依旧保持着最初的那份低调，这或许才是杨利伟最打动人的地方。这份谦卑不是矫揉造作，而是发自内心的，以平和的心态看到过往的成就，不沽名钓誉，也不为世俗所迷惑，在所从事的领域内，在自己的岗位上，不断去进步、去超越。

我们也可以像杨利伟一样做个谦虚的人，保持一颗进取的心，知识的海洋浩瀚无边，即使穷尽毕生精力也只能掬起一朵浪花，但在不断自我超越的过程中，我们的人生会变得更加充实，自身的价值也会不断得到提升。

下篇
践行情怀的平凡英雄

刘传建 | 以生命的名义，捍卫最高职责

● 一次"史诗级的降落"

2018 年 5 月 14 日，《复仇者联盟 3》正在热映，内地的所有院线都是一片爆满。那天早上，不少乘客也在川航 3U8633 飞机上探讨着漫威的超级英雄一波三折的命运。他们怎么也不会想到，几十分钟之后，自己的命运也会在短暂的时间内经历跌宕起伏，而在生死一线的关键时刻，也有一位现实中的超级英雄会出现，尽其所能力挽狂澜。

当时的情况是这样的：四川航空由重庆飞往拉萨的 3U8633 航班，在四川空域内飞行途中，驾驶舱右侧玻璃突然破裂，驾驶舱瞬间失压，气温骤然降到零下 40 摄氏度。没错，这是一次猝不及防的意外，在 32000 米的高空中，机组副驾驶的半个身子已经被"吸"了出去，幸好机组人员都严格按照飞行要求做好了安全防护，才使得副驾驶虽被吸出窗外却没有被强大的气流拽出机舱。然而，驾驶室的仪表设备已经被大风掀翻，噪音极大，多数无线设备已经失灵，只能依靠目视水

平仪来操作飞机。

强风灌入、副手昏迷、低温刺骨、自动导航解除、数十个操作按钮失灵、警报蜂鸣不停地呜咽……不曾经历的人，难以想象当时的情境是多么紧急和危险，没办法确定航向和迫降的位置，对飞行员来说是极大的考验。此时此刻，作为机长的刘传建，在向地面发出"7700"指令后，立刻调转方向，紧急迫降。

为了避免机组成员受到进一步的伤害，刘传建要先减速再迫降。在迫降的过程中，他的听觉完全是失灵的，他用冻肿了的手，完成了"航空领域外科手术一般的动作"。整个过程表现出了惊人的冷静，没有漏一步，也没有错一步。

刘传建真的做到了！历经一连串的飞行高度下降、盘旋放油、紧急备降，终于成功化解了险情，保住了全机人员的生命。他无愧于"机长"的称谓，而这一次的危机处理，也被媒体赞誉为"史诗级的降落"。

● 没有凭空而降的奇迹

什么是英雄精神？不仅是刹那间的生死抉择，更是经年累月的坚守。这个"史诗级降落"是一个奇迹，但奇迹的背后不是运气，而是数十年的艰辛磨砺，以及日复一日的坚持和专注。

当网友们热烈地谈论"奇迹返航"的事件时，刘传建也接受了记者的采访，此时人们才意识到，这位看似普通的机长，其实并不"普通"。他表示，自己飞过上百次该航线，对当时出现故障的飞机状况如何处置比较有把握。他的妻子介绍说，丈夫的每次飞行、每个动作，在回家后还会不断地总结反思。即使身为教员，也经常看书翻手册做笔记，每天坚持训练、认真学习操作……透过这些细节不难发现，之所以能在生死一线成为英雄，是因为平时保持了一丝不苟的专业精神。

媒体报道，刘传建曾经是一名优秀的军校飞行员，转业后在川航工作，有几十年的飞行经验。可即使如此，进入民航后，他还是在多方面进行完善与改进。他说："以前飞的是战斗机，追求的是灵活机动；现在要飞民航客机，必须将安全摆在首位。两者的理念完全不同。民航是一个知识更新换代很快的行业，作为机长需要不断充电。"

刘传建的卧室床头，一直放着与航空相关的书籍，临睡前他总要翻看学习，这是他多年如一日的习惯。在他看来，作为一名合格的机长，除了要有过硬的飞行技术，还应该具备三项特质："首先是严谨，机长的字典里不能有'随意'两个字，要比规章和制度更严格要求自己；其次是慎独，机长在一架航班上拥有绝对权力，这就要求机长在没有人监督的情况下，更要按照规章去做，不能疏忽；最后是担当，要把保障旅客的安全作为义不容辞的责任。"

此外，刘传建还说："以前在部队的时候，战斗机的轰鸣声一起，整座家属院突然寂静了，所有人都提心吊胆。这样的情景我永远都忘不掉，它随时提醒我每条生命背后都承载着巨大的意义，保障旅客的安全是我的职责所在。"

严谨，慎独，担当——这些品行和作风已经渗透到刘传建的骨子里，延伸在他工作和生活的每一处细节。正是依靠着精益求精的态度和对自我的严苛要求，他不断地夯实自己的基本功，在千钧一发的危难之际，彰显出了沉着冷静的英雄本色。

● 继续平凡的飞行生涯

"5·14事件"让千千万万的人认识了刘传建，而他的名字和完美迫降也红遍了整个网络。然而，刘传建却并未因此而洋洋得意，相反在这件事发生后的半年里，妻子发现平日里幽默爱笑的丈夫，总是莫名其妙地沉默寡言。

刘传建在现实中上演了一出超级英雄力挽狂澜的情节，但现实终究跟电影不同，而刘传建也不是那些虚构的英雄，他也是一个有血有肉的平凡人。在经历特殊事件之后，心理上难免会留有"痕迹"。

他说："经历了一场生与死的搏斗，觉得自己像生了一场大病，身体处在虚弱的状态。"恐惧的梦魇经常不知不觉地钻进刘传建的意识深处，在不经意间冒出来，让他情绪不稳定，时常感到失落、不安。在说起那惊心动魄的30多分钟时，他的声音总会带着轻微的颤抖，每次回忆那天的情形，他的心里都很不舒服。

可是，刘传建对飞行有很深的感情，哪怕经历了极端的险情，他还是要继续自己的飞行生涯。在"5·14事件"发生后的半年里，他把主要精力放在三件事上：身体恢复、心理疏导和技术培训。事实上，不是他一个人在跟"创伤"战斗："一家人都在努力，他们理解、包容我的异常行为，我在家里恢复、学习的时候，他们大气不敢出，连

2 岁的女儿也不敢哭闹，生怕影响到我。"

说起"5·14 事件"，刘传建认为，那一瞬间，创造奇迹的并不是他一个人，而是一群人。他自己完成了自己的职责，并不是完成了多么伟大的使命。平时点滴的积累，对飞行基本功的锤炼，以及飞行作风的养成，恰好在关键时刻派上了用场，这才是真相。

今后的日子，刘传建依然坚定，要继续做一名平凡的、尽责的飞行员。他在用自己的言行诠释着一句朴素的话："伟大来自平凡，英雄来自人民。"

李国武 | 善良和勇敢，不是选择是本能

徒手接坠楼女的保安

2017 年 12 月 10 日，清早 8 点 42 分，43 岁的李国武身为保安，像平时一样站在西安赛高街区北侧的通道上。当他仰头往上看时，突然向前跑了几步，伸手做出接的动作。然后，一个女子坠落，他瞬间被砸倒在地，女子也飞了出去。整个过程，只有三四秒钟，快得让人来不及思索到底发生了什么。

李国武家中有兄妹三人，他排行最小。事发之前，他和妻女一家三口就住在父母的福利房里，家里的条件很艰苦。妻子没有工作，女儿刚刚 6 岁。李国武的父母年纪大了，担心他们承受不了这样的打击，谁也不敢告诉老人，老人问起时，就说去参加培训，暂时回不来。但事情也不能一直瞒下去，况且也瞒不住。反复商量后，李国武单位的人到他家里，把李国武出事的消息告知了老人。

想起当天的情景，李国武的哥哥说："我爸我妈愣住了，好几个

小时没说话，最后才哭出来。我也不想让我弟弟一直独自在外，我要给他设置灵堂，让他回家。"

12 日下午 4 时，在李国武的家里，亲友和单位的人帮他设置灵堂。李国武的母亲一会儿坐在床上，一会儿起来翻看儿子的照片，眼泪不停地流。80 岁的父亲躺在儿子的卧室，一会儿哭，一会儿沉默，随后才说："我也当过兵，在部队待了 20 多年，从小教育子女要本本分分做人，踏踏实实做事，宁可自己吃亏，也不能辜负别人，国武一直都是这样做的。我知道国武是为了救人，但人不在了，我心里的坎还是过不去。"

除了李国武的父母，还有一个人，大家更是不忍心、也不知道该如何开口告知她实情，那就是李国武 6 岁的女儿。他生前最疼爱女儿，把女儿的房间设计得很可爱。直到 12 日晚，李国武的妻子把真相告诉了女儿，女儿抱着她哭个不停。

"她知道爸爸不在了，但因为太小了，一时还不太清楚是怎么回事，就怕她想起来了要爸爸。等到她再大点懂事了，我想她会以自己的爸爸是个英雄而骄傲的。"李国武的妻子说。

为了纪念李国武，在他出事的那天晚上，同事们于世纪金花赛高购物中心北侧门外，用一个个蜡烛摆成心形和李国武出事的日期，李国武的遗像摆在中间，黑色的横幅上写着"不想和你分离　感谢与你相遇"几个大字。李国武生前的同事、战友以及部分热心市民，为他举办了烛光追思会，缅怀他的事迹，为他送别。

不是不懂常识，只是当过兵

李国武的救人事迹被传开后，西安市市长上官吉庆第一时间做了批示，要求各方面妥善处理，支持给李国武申报"见义勇为"称号。针对李国武徒手救人的义举，央视也给予了高度的评价。

西安市人社局工伤保险处有关负责人解释了李国武工伤死亡认定的依据，认定李国武是在工作时间、工作地点，在履行自己职责的情况下，遭受意外伤害死亡的。

2017 年 12 月 13 日下午，西安市人社局向李国武生前工作单位和家属送去了工伤保险认定书。15 日上午，经开区社保中心已向李国武生前工作单位拨款 70 余万元，这笔款包括一次性工亡补助金、丧葬补助金。

李国武倒在了血泊中，社会各界也对他的行为给予了高度的赞誉，并尽力做好对其家人的安抚工作。事发之后，微博上一直刷屏他徒手接坠楼女的视频片段。在大家为他的义举感动之时，也不乏一些刺耳的声音出现："人是挺善良的，就是缺乏常识，不知道高空坠物的势能有多大！"

李国武当真不懂常识吗？当然不是。要知道，他是一个当过兵的人，曾在武警湖南邵阳中队服役。当过兵的人都知道，他这样做不是"傻"，而是出于本能。这种本能来自部队严酷的训练，来自军营长年累月的熏陶，已化为士兵们血脉中的基因。这种本能包括不畏子弹、火焰和伤痛，在危险中逆行，不能抛弃战友和人民……在突发事件面前，军人本能所作出的选择，只能是责任，只能是善良，只能是勇敢！

军人的行为，是无法用常理解释的。几年前，有一个关于"军人生理学"的争论，如用子弹的"空腔理论"质疑黄继光堵枪眼的科学性，用人体的疼痛阈值质疑邱少云火海潜伏的科学性……如果都像那些"精致的利己主义者"精心推理得那样，或许像黄继光、邱少云、李国武这样的人，最为"科学"的选择应该是不当兵、不救人。

对军人来说，善良和勇敢不是来自于选择，而是来自于本能。

● 伟大就是凡人做到极致

李国武在商场做保安，每月工资两三千。保安每周要工作6天，每天8个小时，负责巡逻整个商场，一天要走1万多步。李国武自从事这份工作以来，一直是兢兢业业。工作了半年后，就被提升为领班。

不管单位有什么活，李国武总是抢着去干。有一次，刚刚下班就遭遇暴雨，同事和他在雨里走着，听说有地方堵了，同事还在卷裤脚，李国武就已经冲到了雨里，去抠那个被堵住的下水道。商场里有的商店搬货，货物很重，他就主动上前帮忙，一趟一趟地帮人搬，直至所有货物都搬完。

李国武作为领班要管理七八个员工，对此他有自己的一套方法，不但了解每一个员工的性格和家庭情况，也赏罚分明，深得人心。

李国武出事后，同事的微信朋友圈里几乎都在转他的事迹，战友的微信群里不断弹出"老班长一路走好"的留言，他生前工作的单位纷纷来捐款，他所在的金花集团组织学习他的先进事迹，并将 12 月 13 日的国家公祭日也设置为"金花英雄日"，将李国武所在的班组命名为"国武英雄班"。

　　在李国武的同学群里，有人曾写下过这样一段话："一个好人，简单的一句话，得来的却不简单。一个英雄，看着是伟大的，却是一个凡人做到了极致。致国武，十班老同学共勉。"说得多好，伟大就是凡人做到极致！这或许是对李国武的一生最好的注脚。

何友毅 | 舞台虽不同，本色永不改

● 纵身一跃的九旬老兵

2018 年 3 月 21 日，1 岁 7 个月大的希希，跟随婆婆在门前村道散步。村道旁边有一条宽约 6 米的小河，看似平静的小河，河中心的深度实则有 3 米。看着村道旁的垃圾桶正在冒烟，希希的婆婆就准备把火熄灭，怕烟熏着孩子。

婆婆一个人走向几米外的垃圾桶，可谁想到，就只是一眨眼的工夫，意外就发生了。婆婆还没有走近垃圾桶，习惯性地转身看一眼孙子，却发现希希已经不在路上，而河边发出了"咚"的一声响，希希骑着儿童车掉进河里了。

婆婆当时吓蒙了，她不会游泳，只是大声地尖叫起来。这个危急的时刻，20 多米外正在浇菜的一位 88 岁老人何友毅连忙扔下水瓢，不顾安危地跑到河边，跳到冰冷的河里，成功地把孩子救了起来。

毕竟是年近九旬的老人了，力气不够，他把孩子放在自己的肩膀

159

上，推给岸边的人。把孩子救出后，他用光了身上的力气，双脚陷入淤泥，根本没力气上岸。河边钓鱼的两个男子迅速赶来，把这位可敬的老人救了起来。

有人问他："救孩子的那一刻，你在想什么？"

老人说："我就想那个娃娃，我能想啥子嘛！那么小的娃娃，我淹死了也没关系。"

这不是什么豪言壮语，就是老人掏心窝子的话，朴实而感人。

事后，儿子问过他，你这么大的岁数，自己走路都不稳，当时怎么有那么大的勇气下河？

老人说："当时我不去救，哪个去救？"

这依然不是豪言壮语，却透出了一份难能可贵的责任与担当。

实际上，这已经不是老人第一次救人了，早在 15 年前，他就在同样的地方救起过另外一个孩子。是什么让他不顾个人安危？看到老人家门口的那块写着"人民功臣"的牌匾，很多人才意识到，何友毅并不是一位普通的老人，他是一位参加过抗美援朝并立下过三等功的老兵！

● 忘不掉自己曾是一名军人

"忘不掉自己是军人，我死了莫得来头，孩子不能有事……"这是何友毅亲口说的话，他的言行，见证了他那颗赤诚的心。无论过去多少年，无论脱下军装多久，那颗军心依然在胸膛里燃烧，他真正做到了把"全心全意为人民服务"践行到底。

1951 年，何友毅参军，随后前往北方，参加抗美援朝。

在前线时，他主要负责通信保障工作。有一天，战火四起，指挥部里的信号突然中断，整个网络都陷入瘫痪中。当时，政委找到何友毅，说炮弹把一段电话线路炸断了，必须得有人去把它接好。可是，团里仅有的几名通信兵都牺牲了，只有派他去能接好线路。

接到命令后，何友毅一分钟也没有停留，立刻就赶了过去。战斗依然在进行，冒着生命危险，他找到了断线的地方。然而，眼前的情境却让他的心跌入低谷。那根被炸断的线太长了，差一截接不上，可一想到那些共同奋战而牺牲的战友，他当即做了一个决定：用自己的身体做导体来连接线路。

何友毅不知道这样做能不能成功，当他醒来时，已是战争结束后的第 5 天。他在医院里昏迷了 4 天，才彻底清醒过来。战友告诉他，当时政委强调一定得把他救回来，哪怕是牺牲了，也得把遗体带回来。

1957 年，何友毅复原回家。多年过去了，军人的印记仍在。就像他所说："忘不掉自己曾是一名军人，不管当时多危险，我都要去救人。"这样暖心而感人的话语，不禁让人感动。这位老人的心里，承载了比新闻事实本身更厚重的东西。

● 一日为军，终生为军

2018 年 3 月，中共中央印发《深化党和国家机构改革方案》，宣布组建退役军人事务部作为国务院组成部门。为什么要为退役军人这个特殊的群体，单独设立一个部门呢？原因就是，要让他们得到应得的待遇。

军人的标签，不只是在部队的那些年，而是一辈子的印记。像何友毅这样的老兵，他们虽已经告别部队，可他们从未离开部队。在军营里培养和稳固的那一份使命感、责任感，那一份坚强、自律和踏实，在退役之后仍然深深地影响他们。

何友毅不只是"一个人"，他更像是一扇窗，让我们看到了"一群人"。有的老兵刻苦学习，顺利考上心仪的院校；有的老兵找到适合自己的岗位，勤勉工作，在地方发光发热；有的老兵做了部队的志愿宣传员，用自己的经历吸引了一批批有志参军报国的青年；有的老兵几十年如一日去资助贫困学生；有的老兵恰如何友毅这般，在危难之际，第一反应就是冲上前去，没有任何的犹豫和退缩。

脱掉了军装，可他们仍是最可爱的人。舞台虽不同，但本色永不改。我们要向每一位老兵敬个礼，敬他们曾经付出的血汗，敬他们在危难面前冲锋上前的本能，敬他们"若有战，召必回"的热血忠诚，以及他们挥洒在军营和战场上的青春。

周明洪 | 从不显山露水，不惧舍命救人

● 以身为垫，舍命救人

2017 年 2 月 25 日下午 6 点左右，大沥镇盐步天隆城的保安周明洪，生命永远定格。

天隆城市场的三楼有一排出租屋，走廊尽头有一个离地 1 米多的窗户。从窗户望去，会看到一大片塑料雨棚。11 岁的小孩阿想就住在这里，他翻过窗口，爬到了塑料雨棚上玩。雨棚看起来很坚固，实则早已经老化，阿想刚踩上去，雨棚就破了一个窟窿，他悬空了。

"救命，救命！"阿想的呼声，惊动了市场里的群众，很快就引来不少围观的人。一位目击者事后这样形容当时的情景："我正在市场买菜，跑过来后看到，顶上的雨棚破了一个窟窿，上面挂着一个小孩，小孩的双手抓着雨棚的角铁。雨棚有三层楼高，离地面差不多 10 米，情况很危急。"

当晚值班的天隆城保安周明洪，也听到了孩子的呼喊，他快速地

跑向围观人群。然后，他迅速地抓住小孩阿想的手，试图把他揽入怀中。可是，塑料棚老化得太厉害了，底下的群众都听到了它咯吱咯吱破裂的声响，所有人的心都提到了嗓子眼。

见此情景，群众赶紧报警，并开始挪走棚下的车辆，准备铺上垫子。可是，事情发生得太快了，大家都不愿意看到的一幕还是发生了。

十几秒的时间，脆弱的塑料棚坍塌了，周明洪和孩子一同坠落。目击者看到，下落的时候，周洪明的手死死地抓着孩子的手。着地的一瞬间，他是头部先落地的，而孩子是脚先落地，之后倒在周明洪的身上，幸运地得到了缓冲。

落地后的周明洪，头部和口鼻大量出血，当时就已经没有了知觉。阿想一开始还有意识，但被眼前的景象吓到了，随即就昏迷了。之后，盐步医院的医生到达现场，证实周明洪当场死亡。阿想被迅速送往医院治疗，经过诊断，他的身上多处骨折，但幸运的是神志清醒，没有生命危险。

● 全村人一起接"他"回家

事发当晚，周明洪的妻子李红接到了一个陌生的电话，得知丈夫去世的消息。她当时完全不敢相信，还以为是诈骗。丈夫平日里很喜欢帮助别人，但还不至于因此丢了命吧？在路过家附近的派出所时，她心里忐忑不安，为了打消疑虑，她就走了进去。结果一问，才知道那通电话不是诈骗，而是真的，丈夫确实去世了。

2017年2月26日，李红跟几个亲戚承受着巨大的伤痛压力一起来到佛山。3月1日，天隆城市场所在的聚龙村代表、村委向周洪明的家属赠送了锦旗。当时，李红很难接受，但一想到丈夫是为了救人牺牲的，她也为其感到骄傲。在佛山料理好丈夫的后事之后，她把丈夫的骨灰带回老家。

周明洪的家在贵州的一个小山村，他的消息也早已传遍了村里。等"他"回村的时候，全村有很多人都来了，有认识的，也有不认识的，他们一起接"他"回家。李红太清楚丈夫的为人了，也知道这样的情景不是偶然发生的，丈夫平日里不太爱讲话，但只要能帮助邻居的都会尽量去帮，邻里关系很好，村里人也是真的喜欢他。

周明洪的幺娘说："从小看着他长大，他都把我们记在心头，在外面挣点钱了还会孝敬我，每次回来他都会来看我，见我挑水挑不动他就给我挑，发生这种事情，我们睡也睡不着，醒来也会在心里面想到他，心里想到他，就好像他在自己眼前一样。"

李红和周明洪结婚17年，深知他的乐善助人。10年前，周明洪在昆明打工时，就曾照顾过一位陌生的老人长达一年多的时间。之后，李红还到昆明看了那位老人，老人心怀感激。李红还说，周明洪的后背有一块疤痕，那是在河沟里救一个孩子时被刮伤后留下的。

周明洪的义举不是偶然为之，他早已经把乐善好施当成了一种习惯，一种刻在骨子里的精神。对于被救的阿想，李红说："我爱人用生命救了他，希望他珍惜生命，长大后也能回报社会！"

● 平日里从不显山露水

真正的英雄，从来都是默默无闻的。

周明洪的性格比较内向，就连面试时都不怎么说话。这些都是天隆城市场负责招聘的工作人员在事后透露的，他们就看中了周明洪的老实，加之他是退伍军人，就优先考虑了他。天隆城市场的保安队队长也说，周明洪平时不善言谈，属于那种"不显山露水"的人。

对周明洪了解稍多的主管表示，周明洪很能干，他当过兵，有很强的纪律性，交代给他的事情总能妥善地处理好。保安需要协助维护市场管理秩序，劝导客户不要占道经营，而周明洪总能跟那些商贩进行较好的沟通。

一位在天隆城里做了十年生意的摊主，在提起周明洪时，说："虽然洪哥来这里工作的时间不长，但我们对他的印象都很好，平时他总是会帮我们搬东西，还记得有一次我外出时，小孩不知道跑哪里去了，洪哥和其他同事就一直帮我找，他挨个宿舍去找，最后在一间宿舍帮我找到了小孩，非常感谢他。他是一个非常好的人。"

就是这样一个"不显山露水"的人，却在危急时刻冲了出去，舍命救人，这让周围的人既感动又佩服，同时还有心痛与惋惜。事发过后，周明洪生前所在的公司号召全体员工，一起学习他见义勇为、舍己救人、无私奉献的精神，在回看他救人的视频时，大家的心情都很沉重，也很悲痛。

为了褒奖见义勇为的行为，弘扬社会正能量，当地政府部门根据当地《见义勇为奖励办法》的相关规定，对周明洪授予"见义勇为公民"荣誉称号，并颁发了《见义勇为行为确认证明书》。周明洪离开了，可他的英勇行为，却向全社会传递了正能量。

"为善无大小，点滴见精神"，这个平凡的退伍军人、商场保安，用他的生命诠释出了我们的"中国精神"。

王继才 ｜32 年的坚守，诠释初心的伟力

● 为一座小岛许下承诺

"王继才同志守岛卫国 32 年，用无怨无悔的坚守和付出，在平凡的岗位上书写了不平凡的人生华章。我们要大力倡导这种爱国奉献精神，使之成为新时代奋斗者的价值追求。"

上述的这段话，是 2018 年 8 月习近平总书记对王继才同志先进事迹做出的重要指示。习总书记道出了中华民族从黑暗走向光明的力量所在："一个有希望的民族不能没有英雄，一个有前途的国家不能没有先锋。"

遗憾的是，直到现在，依然有很多人都不知道，这个深得总书记赞誉的王继才，到底是什么人，他又做了怎样感天动地之事。关于他的事迹，还要从三十多年前说起。

1986 年 7 月，王继才经群众推荐和组织考察，成为第五任开山岛的"岛主"。

开山岛只有两个足球场大小，距离最近的海岸12海里，但它是黄海前线的第一岛，战略意义非凡。1939年日本侵略连云港时，就是以开山岛为跳板，通过舰船换乘，最终得以从燕尾港登陆的。如果当时这个岛上有人值守，日本士兵就上不来。

王继才就是被派往去驻守这个岛的。在他之前有四任"岛主"，待的时间都不长，最长的13天，最短的3天。对于王继才上岛这件事，他的家人都是反对的，因为那个岛上气候恶劣，常年海风肆虐，鸟兽绝迹、植被难生，活着的唯有苦楝树，而当年亲手种下它的人早已不知去向。去了那个岛，就如同去坐"水牢"。

即使如此，王继才还是决定要去守岛。他坚定地说："领导说，岛上必须得有人去守，我也答应了领导，答应了就要做到。"就这样，灌云县人武部给他准备了30盒烟、30瓶酒和一个月的吃喝用品，把他放在了岛上。

向来很少沾烟酒的王继才，30盒烟全部抽完了，30瓶酒全部喝完了。48天以后，老政委领着王继才的妻子王仕花来到岛上，王仕花被眼前这个胡子拉碴、满身臭气的"野人"吓傻了，这还是自己的丈夫吗？

王仕花赌气地说："别人不守，咱也不守，回去吧！"

"野人"回应："要走你走，我决定留下。"

于是王仕花走了，"野人"的心在滴血。然而，不到一个月的时间，王仕花又回来了，这次还带着包裹。为了上岛照顾丈夫，她辞掉了小学教师的工作，把2岁大的女儿托付给婆婆。

都是普通人，都有父母心。王继才夫妇也曾想过离开小岛，那是孩子要上小学时，他们已经守岛五六年了。为此，王继才去找派自己上岛的武装部政委，准备辞职。没想到，政委身患癌症，危在旦夕，还没等他开口，政委就拉着他的手说："继才啊，你干得很好！我走了，你要把开山岛继续守好，我才能放心。"

政委充满期待的眼神，让王继才生生把要说的话咽了下去，他说："请您放心，我一定把开山岛守好，一直守到我守不动为止。"这是他在政委面前，为开山岛许下的承诺；这番承诺，也成了他一生都在践行的使命。

● 家就是岛，岛就是国

和所有平凡的人一样，王继才也有犹豫和挣扎，他也会害怕黑夜，害怕狂风暴雨，以及孤独无助。既然有怕，为何他还要留在岛上呢？他说过："守岛就是守家，国安才能家安。"岛再小，也是 960 万平方公里国土的一部分。国旗插在这里，这里就是中国。

这是一个民的本分，更是一个兵的责任。站在自己的岗位上，不讲条件、不计得失，对组织、对党和人民、对集体有忠诚与热爱之心，纵有两难之时，也会先顾全大局。

守岛的每一天，都是从升旗开始的。每天早上 5 点，王继才夫妇就会准时在岛上举行两个人的升旗仪式，没有人看，没有人监督，可他们却一直在做。在王继才看来，这里是祖国的东大门，必须要升国旗，那些进出海的船路过开山岛时，都会主动鸣笛，既是和他们打招呼，更是向国旗致敬。

1987 年 7 月，王仕花即将临产，却没有办法下岛。9 日那天，王仕花就要生产，豆大的汗珠从额头滚落，把王继才急坏了。情急之下，王仕花一边说"王继才，我坑你手里了"，一边抓起步话机联系镇武装部长，在部长妻子的指导下，自己动手接生。

这个孩子叫志国，在岛上生活到 6 岁才被送下岛上学。可因为他长期生活在岛上，难与人交流，性格很孤僻，三次辍学。他们的大女儿是"80 后"，却大字都不识几个，小学就辍学在家照顾弟弟妹妹，扛起了家庭的重担。王继才答应女儿，结婚时一定会亲自送她。可是，等大女儿结婚时，王继才还是没有回来。进礼堂时，女儿一步三回头，说："我要是走得慢点，或许他就能赶上了。"父亲没有来，她很清楚，父亲其实真的想来，但是岛上不能没人。

王继才何尝不知道子女的苦，但在守岛和个人生活之间、国家和小家之间，他只能选择前者，因为有国才有家。他说："子要尽孝，父要尽责。但我的家人都理解，忠是最大的孝和责。身体是自己的，但人是国家的，而家就是岛，岛就是国，守岛就是卫国。"

守岛人的爱恨情仇

王继才是一个平凡的守岛人，他把一生的爱恨情仇都洒在了这座小岛上。

有一次，王继才巡逻到开山岛的瞭望塔时，忽然听到呼叫声，那是一条靠近码头的渔船上发出来的。船老大告诉他，孩子肚子疼得厉害。王继才赶紧找来自备的常用药和急救药，这些都是他和妻子自己花钱买的，为自己，也为别人。

还有一次，渔民路过开山岛时发动机没油了，就把艇靠向码头，烈日高温下，他们用桶加油，不慎引起大火，随时都有爆炸的危险。王继才抱来自己的两床被子，往海水里一滚，盖在发动机上把火扑灭，救了人，也保住了艇。

王继才很心疼渔民，每次海上起大雾，他都会拿起脸盆站在崖上敲，循着咣咣的声音，渔民就能辨别出船的航行方位。渔民们称，那是救命的声音。晚上出海时，王继才还会亮起信号灯，让渔民们看清航道。他说："在海上大家都不容易，能帮多少是多少。"

真所谓"朋友来了有好酒"，可若是那"豺狼"来了呢？开山岛位置独特，不少犯罪分子对此虎视眈眈，王继才最痛恨的就是这些人。

1999 年 3 月，不法分子孙某盯上了开山岛，他借口要把这里开发成"旅游景点"，实则是谋划在岛上开办色情场所。王继才发现后，立刻就向上级报告了情况。孙某担心王继才把事情搅黄，就威胁他说："你都 30 多岁了，死了还值，你儿子才 10 多岁，要是死了，那就可惜了！"王继才一点都没有畏惧，他说："我是为国守岛，就是死了，组织上也会记得我。你们要是敢做违法的事，就试试看。"

眼见来硬的行不通，孙某又开始来软的。他笑着掏出了一沓钱，对王继才说："只要你以后不向部队报告，赚了钱咱俩平分。"王继才和妻子的收入有限，但他并没有被金钱诱惑，依旧严词拒绝。

孙某恼羞成怒，带人把王继才拖到了码头，暴打一顿，还放了一把火，烧毁了王继才多年积攒的文件资料和值守日记，王继才始终不肯让步。后来，当地有关部门赶到岛上展开调查，最终把孙某等人绳之以法。

还有一年冬天，王继才巡岛时，发现海面上有两艘轮船比较可疑，就立刻向上级报告。最后查明，船上装载的是走私的 60 辆汽车。还有一年夏天，某蛇头试图借开山岛中转，组织 49 人偷渡，用 10 万元收买王继才，可王继才还是那句话："违法的事，一律不行！"

时间久了，王继才就成了违法分子的"眼中钉""肉中刺"，经常会有险情发生。然而，他从来都没有退缩过，他和妻子先后向上级报告了 9 起涉嫌走私偷渡等违法案件，其中有 6 次成功破获，为国家挽回了重大经济损失。

王继才用他的经历告诉世人，和平年代依然需要守岛，这样才能观测天象、救援有需要的人，并遏制违法分子的肆意妄为。真善美是他的本性与本能，明辨是非、敢与恶势力做斗争，是他的勇气与精神。这些品性无论到何时，都是弥足珍贵、值得学习的。

● 传承精神，初心不移

2018 年 7 月 27 日，老兵王继才积劳成疾，倒在了开山岛的台阶上，终年 59 岁。

　　王继才和妻子在岛上坚守了 32 年，驻守岛屿期间只有 5 个春节离岛与家人团聚，其余的时间，他一直驻守在岛上，寸步不离。亲友们多次问王继才："在岛上过了那么多年，少了家庭团聚，心里苦吗？怨吗？悔吗？"他总说，生活是艰辛的，也是幸福的，无怨无悔。

　　英雄王继才走了，可守岛还会继续。媒体报道，在王继才去世的第 10 天，他的妻子王仕花就向组织递交了守岛申请，她说："老王跟我说过，就算他哪天走了，也要在岛上走，在岗位上走。"岛，已经成了他们的家。

　　王继才用一生兑现了他的承诺，而妻子王仕花在他走后，握紧接力棒，继续完成使命。在这个物欲横流的社会，有人如此坚守信念，用一生时间去执着守护，实在令人动容。他们很平凡，但他们的精神却无比奢华。

　　王继才夫妇俩人的精神，时刻感染着他们的儿子。2013 年，王志国研究生毕业，父亲将他送到部队，说了一句"先报国，再顾家"就走了。最终，王志国成了一名戍边武警战士。他三次写信，申请参加联合国常备维和警队，到祖国最需要的地方去。他说："父亲用一辈子兑现了'守到守不动为止'的承诺。如今父亲不在了，但父亲的精神就是我的根，只要守住这根，父亲就还能跟我们在一起……"

　　每个人心中都守着一座开山岛，传承这份精神的不只是王志国。在共和国辽阔的疆域上，永远都不缺乏守岛报国的接班人。那些后来接替王继才守岛的执勤民兵，上岛后亲身体会到了岛上的艰苦，对王继才一生的付出更是充满敬畏。他们说："上来之后才明白，什么是平凡中的伟大，平凡中的英雄。王继才同志走了，我们一定要延续他的精神，把开山岛守好。"

2018年7月30日，王继才追悼会在灌云县殡仪馆举行。几十年来，王继才夫妇跟亲友们来往甚少，可那天专程为王继才送行的竟有几千人，有他帮助过的渔民，有他多年不见的乡亲，还有曾经守岛的老兵，甚至是从网上得知消息的陌生人……他们都来向心中的英雄致以最后的敬意。

鲁迅先生说过："自古以来，就有埋头苦干的人，有拼命硬干的人，有为民请命的人，有舍身求法的人……这就是中国的脊梁。"像王继才一样的守岛人，本是现实中的普通人，可在信仰的传承中，他们却因数十年如一日的坚守，成为新时代中国的脊梁。光阴荏苒，让我们向这些不忘初心的平凡英雄们致敬，他们是当今社会的精神坐标。

彭云松 ｜ 终身未娶，建大爱之家

● 一张普通又特殊的全家福

网络上有一张全家福照片，老人坐在中间，两边分别是他的女儿和孙女，身后站着四个儿子。看起来很普通，就如千千万万的家庭一样，温馨而祥和。

可是，放下照片，走进这个真实的家庭，了解照片中的每个人，大家惊讶地发现：这张照片中的四个儿子、一个女儿，每个人都不同姓，彼此之间都没有血缘关系！那么，这位老人是谁呢？这张照片的背后，又有怎样的亲情故事呢？

一切，还要从 60 年前的那个冬天说起。

老人叫彭云松，早年从山东平邑县"闯关东"，来到千里之外的哈尔滨。他为人踏实又勤快，很快就在当地的一家机械厂找到了工作。1954 年冬天，时年 35 岁的彭云松，在哈尔滨一处荒凉的铁道线附近，发现了一个衣着单薄、已经快饿晕的 8 岁男孩。彭云松怜悯这个孩子，就从兜里掏出了一个馒头给他，孩子狼吞虎咽地吃着，彭云松看着却觉得很心痛，他向孩子伸出了手："孩子，跟我走吧……"

这个孩子后来就成了彭云松的大儿子，他叫闫景成。在此后的15年里，彭云松又陆续领回了5个孩子：1966年，彭云松收养了11岁的张秀清和5岁的栾景通；1967年，他收养了11岁的郭廷忠和9岁的高玉滨；1969年，他又从山东老家带回了孤儿刘玉忠。

亲戚朋友们无法理解彭云松的做法，毕竟他还没有结婚，就收养了6个孤儿。大家都劝他，把孩子们送到孤儿院，然后娶个媳妇过日子，生一个自己的孩子。然而，彭云松却说："我这样的情况，就算有姑娘愿意嫁，也是过来吃苦的。我不能连累人家，结婚的事情以后再说吧，我得先把孩子养大。"

彭云松一生都没有娶妻，不仅是像他自己说的"没有多余的钱"，更重要的是，他无法确定给孩子们找了"后妈"之后，会不会让孩子们受委屈。对于自己的选择，彭云松从来没有后悔过，他说："我不能让孩子们承受两次失去家庭的痛苦，他们应该像别的孩子一样，在温暖的家中成长。"

彭云松一个人扛起了抚养6个孩子的重担，孩子们好几次都提出要随彭云松的姓，可他就是不肯。他说："改姓不是我的心意，孩子们的父母虽然不在了，可留下了后代，我不能做破坏血脉的事，孩子们该姓啥还姓啥。"

孩子们的姓氏各不相同，身世迥异，但彭云松给他们的这个家，

却是一个没有血缘却充满亲情与关爱的堡垒，让彼此成为一家人，相
亲相爱，共同面对人生的风雨。

● 忍痛劳作的艰辛岁月

二十世纪五六十年代，刚好是经济困难时期。为了让孩子们有住
处，彭云松请求机械厂在职工宿舍后面腾出一间小房子，让孩子们睡
大通铺。担心孩子的吵闹会影响到职工的休息，彭云松又是赔笑脸，
又是说好话，还主动承担打扫卫生、烧水等杂活。

那个时候，彭云松的工资每个月只有30元，可家里等着吃饭的
却有6张小嘴，如何让他们填饱肚子，就成了彭云松最发愁的事。为
了改善孩子们的生活质量，他每天下班后去捡破烂、干零活，把自己
的一日三餐缩减成一顿饭，却从来没有让孩子们饿过肚子。

为了给孩子们凑学费，彭云松还养了5只羊，每天天不亮就起来
挤羊奶，再拿到早市上去卖，换取微薄的收入。彭云松的腿脚不好，
又艰难地拉扯着6个孩子，周围的邻居看了也不忍心。他们看到彭云
松一年四季总是穿一身蓝布衣服，就给他送来旧衣，而他却把旧衣改
小了给孩子们穿。

有一年中秋节，他不知道从哪儿带回来两个月饼，就用刀把月饼
切成了六份，分给孩子们吃。还有一次，单位的同事带了饺子给彭云
松，本来是让他当午饭吃的，可他却小心地用牛皮纸包好，揣进了怀
里，傍晚下班后，带回家给孩子们吃。

　　彭云松不善表达,在孩子们的记忆里,他好像没有说过什么"暖心"的话。可是,老四高玉滨记得,从走进这个家开始,父亲就让他这个"失去母亲,父亲患精神病"的可怜孩子挨着自己睡觉。半夜,父亲还会起来帮他们掖好被角,再把他们轻轻地搂进怀里。

　　老二郭廷忠 12 岁进家门,却总是融不进这个大家庭。直到 16 岁,他还没有叫过彭云松一声"爸"。那年,郭廷忠去当兵,临走之前,彭云松突然从怀里掏出了 15 元给他,说:"珍惜机会,锻炼成长。"15元啊,那可是一家人半个多月的生活费!看着头发花白的彭云松,郭廷忠低下头,无声地流泪。来到这个家 5 年,他第一次喊了彭云松一声"爸"。

● 言传身教,家风绽放光芒

　　彭云松没读过太多的书,只上过三年私塾,他也没有能力培养孩子们成为大学生。可是,他把孩子们教育得很好,每一个都很孝顺善良。

　　老二郭廷忠在部队里入党提干;老四高玉滨初中毕业后在化工机械厂连续 5 年被评为劳模,还分了房子;老五栾景通 19 岁当兵,后来用父亲给他的房子创业,生意做得越来越大;最小的儿子刘玉忠,是油工里的一把好手。

　　彭云松的孩子们,不仅在工作方面出色,在做人方面更是继承了他的精神。1999 年,老五栾景通创建了全国首家雷锋车队,免费为社会残疾群体、孤寡老人、贫困市民等有需要的群体提供救助和爱心服务，并参与多项社会公益事业。他每年都会把自己经商盈利的一部分收入，用来关爱孤寡特困群体，到现在已经帮助了 130 多位特困老人。

老大闫景成的女儿闫丽影，也继承了这个家庭与人为善、乐于助人的家风，她每个月的收入并不多，但已经资助一个残疾人家庭多年，还帮助了不少贫困家庭的孩子顺利上学。

看到儿女们都长大成人，彭云松的心总算踏实了。儿女们争着要让父亲到自己的家里安享晚年，可这个倔强的老头却说，他要回老家。三女儿当场就急了，要求父亲住在自己家，哪儿也不能去！彭云松却说，自己抽烟太多了，怕给女儿家添乱……最终，儿女们也没能说服老人，他还是回了山东老家。

临走之前，他召开了一个"家庭会议"，把自己的两套房子分别给了女儿张秀清和老五栾景通，让返乡回城的女儿一家有房住，让老五去创业。剩下的几万元存款，他平均分给了另外的四个子女。

老人回到家乡后，一住就是十几年，这期间无论他看到谁有困难，只要他有钱，就会慷慨相助。乡亲们待他也很亲，无论谁家包饺子，都会给他送一碗。

2015 年，老人已是 96 岁老龄，儿女一再坚持让他回哈尔滨。没想到，当老五去接父亲时，却遭到了乡亲们的"阻拦"，几十位乡亲含泪在老人的小屋前"静坐"，说舍不得他走。老五正发愁该怎么办，父亲却嘱咐他说："我攒的一万元棺材本钱用不上了，我给大伙儿分了吧。"

回到了哈尔滨，彭云松还是不愿给子女添麻烦，不肯到儿女家住。最后，栾景通只好安排父亲到自己开设的雷锋文化旅馆住，儿女们安排好时间，轮流过来看父亲。栾景通的公司离旅馆很近，他每天中午都过来陪父亲吃饭。

彭云松不记得自己的生日，可回家的一年多来，他已经过了十几个"生日"。只要孩子们提着蛋糕来聚会，这一天就是他的生日。现如今，彭云松回想起自己和六个孩子走过的艰难岁月时，总是坦然一笑，像讲别人的故事一样云淡风轻。可是，六个子女却哭了，他们都说："爸爸，下辈子我们还是彭家的人……"

彭云松那没有围墙的父爱之城在慢慢延伸，从最初受益的 6 个孩子，逐渐地让更多需要帮助的人得到关爱，这样的家风还在感动和感染着更多的人。如果每一个人对他人、对社会的爱，都可以不受围墙的束缚，那我们的社会必将充满更加灿烂的大爱之光。

孙炎明 | 用生命去演绎，钢铁是怎样炼成的

● "警界保尔"的温情大爱

"重犯监室年年平安，而自己的生命还要经历更多风险。他抖擞精神，让阳光驱散铁窗里的冰冷，他用微笑诠释着什么是工作，用坚强提示着什么是生活。人生都有同样的终点，他比我们有更多坦然。"

这是中央电视台播出的 2010 "感动中国" 颁奖盛典上，组委会授予一位 "警界保尔" 的颁奖词。他是一位普通的看守所民警，却用生命演绎了钢铁是怎样炼成的；他耐心诚信地坚守在自己的岗位上，让一颗颗灰色冰冷的心，重新感受到生活的阳光与温暖。他，就是孙炎明。

孙炎明是浙江东阳市看守所的一位普通民警，1982 年 8 月参加公安工作，先后在东阳市公安局经济文化保卫科、城中派出所、城北派出所、预审科工作；2000 年 9 月调入东阳市看守所任监管民警。从警 29 年来，他一直恪尽职守、无私奉献，教育挽救了一大批失足

人员。

　　孙炎明看管的几乎都是重犯人、死刑犯或是无期徒刑者，可对于这些特殊的人，他却给予了特别的关爱。曾有人问他，为什么要对犯人那么好？他说："虽然他们犯了罪，甚至是被判死刑，但是在没有执行死刑之前，我们应该尊重他们的人格，他们也是一个人。有些没有判死刑的，他们感受到尊重之后，就会改过自新，走上社会。今后若不再犯罪，就是我们的工作对和谐社会做出的一份贡献。"

　　在监管岗位上工作多年，孙炎明积累了一定的管理经验，经常主动要求接管一些难管、不服管教的在押人员。他相信，在押人员扭曲的心灵，可以在自己细心、耐心、诚心和爱心的管教下被感化。

　　他告诉记者，虽然自己面对的都是服刑者，可作为一名长者、一名管教民警，他始终把在押人员当成落入迷途的孩子，希望他们能够改过，好好走完剩下的人生。对于在押人员，他几乎倾尽了自己全部的心血，时刻留意着监室内人员的思想动态，生活上也处处关心他们，他希望每一个在押人员都能平静地度过在看守所的日子。

　　孙炎明的真情付出，换来了在押人员的真心。有一年春节，他由于工作需要留在看守所里和在押人员一起过除夕。除夕之夜是团圆的日子，所有人都很想念亲人，孙炎明的真挚情感打动了所有的在押人员，他们齐口同声地喊出来"孙爸爸"。

　　在那样一个特殊的场合里，还有什么比这样的称谓，更能表露真情呢？这一切，都是孙炎明用真情实意、舍小家顾大家的付出换来的。

● 只要生命延续，工作就得干好

2004 年，是孙炎明在东阳市看守所工作的第五个年头。正值生命和工作的黄金时期的他，一个不幸的消息却从天而降——他的左后脑勺出现了一个红色肿块，因为工作太忙，拖了两个月才到医院检查，没想到竟被确诊为脑癌。

孙炎明说："得知病情后的一个小时，是我四十多年人生中最难熬的一个小时。我也只能允许自己悲伤一个小时，因为自己还有很多工作要做。"

当时，他在宁波读书的女儿正在准备高考，他一直不敢把这个消息告诉孩子。直到高考结束的那天深夜，女儿才知道他患了脑癌。第二天一早，强装笑颜的女儿推开病房的门，却发现父亲除了因为化疗脱落不少头发以外，看起来跟平日里没什么区别。

其实，孙炎明也失落过，绝望过。脑癌，多么可怕的字眼啊！可是，面对家人、朋友、领导、同事的关心，面对自己穿了 20 多年的警服，他慢慢调整好了心态：既然病魔已经来了，那就要直面它，精神绝不能被它击倒。

在医院治疗期间，孙炎明拿出了积极乐观的态度，经常开导同病房的病友。他的主治医生说，从医三十年来，还没有见过病人在面对癌症时如此坦然豁达的，只是医生有些担心，孙炎明工作太拼命了，希望他能多注意休息。

孙炎明先后经历了三次大手术，可每次病情稍微好转，他就跑回所里继续工作。面对组织和医生的劝告，他说："默默在家里等死，还不如在工作上干死。"所里领导关心他的病情，希望他不要硬撑，听到这话，孙炎明有些急了，他说："我很清楚，老天留给我的日子不会很多，正是因为这份工作，才让我感到快乐，才使我的生命延续到现在。我不要组织照顾，工作有什么难事尽管分配，千万不要把我当病人看待。一个萝卜一个坑，一个人顶一个人用，我的生命延续一天，就要干好一天工作，我的生活才能快乐一天。"

● 尽心尽职，不能稀里糊涂

身患癌症的孙炎明，就是这样倔强，不肯接受领导的照顾，依旧承担着繁重的监管工作。不仅如此，他还经常主动请缨，去做一些艰难的工作，用自己的经历去开解在押人员。

安徽人叶某因杀害妹夫，犯故意杀人罪，在 2008 年 1 月 17 日被关进看守所。叶某意识到，自己死期将至，有些自暴自弃了，不肯服从管教，还经常大喊大叫。发现这样的情况后，孙炎明立刻找到领导，强烈要求把叶某调到自己的监室。

通过对叶某成长经历的了解，孙炎明心里有了底，开始针对性地与他交谈，耐心引导。同时，他还在生活上给叶某更多的关怀。一段时间后，叶某的情绪逐渐平稳下来。可就在此时，一封家书让他情绪再度失控，唉声叹气。因为家人的指责，让他悔恨、惶恐、自责，他只想早点离开这个世界。

"我知道你现在想什么，想一死了之，是吧？"孙炎明直截了当地对叶某说，"但是你这样死，对你妹妹一家有什么意义吗？你要做的是如何还这份债！"见叶某不语，孙炎明进一步说道，"你想过没有，你自己可以救自己。如果你在押期间有重大立功表现，死刑是可以减成死缓的，死缓也可以减为无期乃至有期徒刑。"

当孙炎明第三天找到叶某谈心时，叶某表示："孙管教，我知道你身体不好，可你还这么关心我，我向你道歉，愿意接受处罚，今后我一定遵守监规，服从管教，不惹麻烦。"2008年9月9日，叶某被法院判处死刑，面对这样的结果，叶某没有什么过激的情绪，也没有做出违反监规的事情。在执行死刑那天，孙炎明和同事一起送他到金华。临行前，叶某要求见孙炎明最后一面，含泪说道："孙管教，给你添麻烦了，谢谢你，你的恩情来生再报。"

作为管教民警，孙炎明始终认为，自己的工作对象是一个特殊群体，他们曾经危害社会，如何让他们认罪伏法、改造自我、重新回归社会是自己的责任。对待很多在押人员，孙炎明不顾身体的不适，屡屡推迟复查的时间，用自己的真心解开在押人员的心结，让他们真正意识到自己的问题所在，并树立起重新面对生活的勇气。

他总是说："生病之后，我的精力大不如从前，大伙也都让我少干点。我想如果能在有生之年多挽救几个误入歧途的青少年，那该是多大的功德呀。再说，如果不工作，我的生命不一定能延续到今天。"

孙炎明很平凡、很普通，可他却在警察这份神圣而崇高的职业中，把奉献作为自己的责任、承诺和义务，让生命在奉献中得到升华。他从未说过什么豪言壮语，但内心却始终秉承着一个声音："既然工作，就该尽心尽职，不能稀里糊涂混日子。"

● 朴实的情怀，无声的奉献

孙炎明生病期间，从未向组织提过任何要求。

有一次，他向所长请假，说在老家的母亲身体不舒服，要去探望一下。所长当场就批了，考虑到他的身体状况，想给他派一辆车。孙炎明拒绝了，他说："不用，不用，我自己坐公交车走。"所长解释说："我给你派车，是希望你早点回来工作。"这下，孙炎明没话说了，才坐上公车。谁知道，没过一会儿，驾驶员就开车回来了。所长问是怎么回事？驾驶员说："孙炎明让我把他送到车站后，自己坐公交车走了。"

2008年6月，孙炎明觉得身体不太舒服，找教导员请假。他问教导员，所里老马的年假是不是批了？教导员说，老马家里盖房子，年假已经批了。教导员看出了孙炎明的心思，说："你的身体情况大家都知道，只要你感觉不舒服，任何时候要休息，我们都会批的。"孙炎明却说："没事儿，所里最近人手本来就少，我还能坚持，等老马回来我再休息吧。"

孙炎明没有太多惊天动地的英雄壮举，他就坚守在自己的岗位上，带着一份朴实的情怀，默默地奉献着。一朝爱岗不难做到，难的是几十年如一日都能如此，可孙炎明做到了。

对理想的执着追求，对事业与岗位的热爱，让这个平凡的基层监管人民警察不再平凡。从他身上，我们看到的是坚强的意志，是无悔的忠诚，是执着的热爱。在他的生命里，没有什么该与不该，有的只是无声的行动。

阳 鹏｜浪花上的海燕，烈火中的凤凰

秘而不宣的信仰

熟悉历史的人，大都听过意大利庞贝古城的故事。当年，庞贝古城附近的维苏威火山突然爆发，庞贝古城被火山灰深埋于地下。18世纪初，一位历史学家在翻阅史料时，意外发现维苏威火山附近曾经有几座被淹没的城市，尽管之后人们在这一地区发现了不少珍贵的雕像、钱币和人体遗骸，但直到 1763 年，考古学家才在这里发掘出一块刻有"庞贝"字样的石块，人们才意识到这里便是被火山爆发所埋葬的罗马古城——庞贝城。

由于当年裹住尸体的火山灰凝固成硬壳，人的肉体腐烂后，便形成了人形的火山灰壳，考古先驱菲奥勒利便发明了"石膏铸形法"，把熟石膏注入壳内，凝固起来后清除包裹在外面的火山灰，就出现了一具栩栩如生的人的躯壳，重现受难者临终前的各种悲惨境况。

面对灾难，有的人抱头缩成团，痛苦地坐着；有的人被奴隶主用

189

铁链锁着，在灾难降临时无法逃脱。然而，最令人钦佩的是一位士兵，始终牢记着自己的使命，固守在城门旁，直到岩浆和大火将其吞噬，神情依然平和、从容。今天，我们依然能在那不勒斯的巴尔波尼克博物馆看到这位士兵曾经使用过的头盔、长矛和胸铠。

这位普普通通的战士，恭顺地服从着使命的召唤，完成了职责要求他要做的事。我们由此也可以看出，牢记使命、履行职责，并不是为了做给谁看，世间最好的责任都是在秘而不宣、无人知晓的情况下完成的，那是生命的信仰，是灵魂的方向。

多年后的今天，我们依然能够看到类似的身影，和类似的故事。

"你是浪花上的海燕，你是烈火中的凤凰，三湘儿女传颂你的故事，滔滔东海把你的美名远扬……"这首美丽的歌曲歌唱的英雄叫阳鹏，是海军东海舰队某驱逐舰支队岸勤部管理科管理员。这位 26 岁的年轻军官，在熊熊烈火中救人的壮举，感动了无数人的心。

时光回溯，重返 2010 年 7 月 21 日。

那是一个很平常的日子，阳光明媚，岁月静好。午后，一辆载着 46 名乘客的大巴车，缓缓地驶离长沙黄花机场，而后在通往市区的高速路上疾驰。阳鹏就是这些乘客之一，他想着即将见到惦念已久的父母，心里忍不住的喜悦和激动。他不知道，一场可怕的灾难正在朝着他们慢慢逼近。

15 点 56 分，大巴车上的一位中年男子反常地从座位上站起来，点燃了手里提着的尼龙包，狠狠地扔到车厢靠后的过道上。那一瞬间，火苗腾空而起。乘客们从睡梦中惊醒，看着从天而降的大火，很多人都慌了，车内顿时大乱。渴望求生的乘客们，一边喊着"着火了"，一边涌向车门。

受过专业训练的阳鹏，此时大吼一声："大家不要挤，有秩序地走！"说着，就开始指挥乘客迅速有序地从车门撤离，同时他冲上着火点，拼命地踩踏着火的地板。疯狂的火焰烧穿了他的衣裤，烧灼着他的身体，可他依旧咬紧牙关，拼命狂踩，试图把火踩灭。

正当阳鹏奋不顾身地扑火时，更大的灾难降临了。那个尼龙包突然发生了爆炸，熊熊的烈焰和浓烟吞噬了整个车厢。站在生与死的边缘，阳鹏没有退缩，他拼命地推着乘客往外逃生。多数乘客陆续地逃离了车厢，而阳鹏自己却被烈火裹住了。此时的他比任何人都清楚：不远处就是车门，只要往前跨几步，就地一滚，完全可以逃生。可是，车厢的后面还有乘客，那撕心裂肺的呼救声，声声撕扯着阳鹏的心，拽着他向火海深处扑去。

阳鹏翻过座椅，跳进火中。在浓烟的烈火中，他发现一名女乘客正在破碎的玻璃窗前挣扎，他忍住烈焰烧灼的剧痛，奋力把女乘客从窗口推了出去。烈火更加疯狂了，火焰吞噬了车顶，大巴车完全被浓烟笼罩。阳鹏的周身犹如刀割一般疼痛，他拼尽了全身的力气，继续在车厢里摸索着、寻找着，生怕漏掉一条生命。

被救下的乘客们，死死地盯着着火的大巴车，他们以为不会再有生还者了。就在这时，一个头发冒着烟、全身炭黑、几块碎布还粘在身上燃烧着的人，从车里出来了，他正是阳鹏！他用燃烧着的血肉之躯和一颗勇敢的心，挽救了44条生命。

在这起恶意纵火事件中，只有两名女性窒息死亡。倘若阳鹏不救他人，依靠专业的知识和技能，他完全可以独自逃生，可若没有他的见义勇为，死伤的人数将不可想象。在个人与集体的利益之间，他义无反顾地选择了后者。因为，这是一名军人的使命。

战胜疼痛，战胜自己

乘客们安然无恙，生命垂危的阳鹏却被送进了解放军 163 医院的重症监护室。

经过诊断，阳鹏全身烧伤面积达 90%，深二度 40%、三度 40%，重度吸入性损伤，脉搏达到 180 次 / 分钟。医生们把所有的抢救措施都用上了，抗休克、抗感染、清理创面、维持酸碱平衡，24 小时内输液 14000 余毫升，输血 4000 余毫升……所有的人都希望，这个年轻的小伙子能够闯过这一关。

入院的第二天下午，阳鹏所在管理科科长封恒华急匆匆地赶来。见到科长，阳鹏让护士摁住自己的喉部气管套管口，艰难地从嗓子里说出一句话："科长，我没给部队丢脸吧？"说这话时，他的眼神中透着一股自豪。那一瞬间，封恒华流泪了，哽咽地说不出话，对阳鹏竖起了大拇指。

由于伤势太重，阳鹏的生命体征一直不稳定，危险期从三天延长到七天，后又延长至十五天。熬了整整半个月，他才逃离了死亡线。在营救乘客的过程中，阳鹏的右手受伤严重，必须及时做皮瓣修复手术，否则就会丧失功能。可是，手术有很大的风险，不仅要担心感染，还要忍受巨大的痛苦。当医生也感到犹豫的时候，阳鹏毅然决然地说："做！我不怕风险，我不能没有手，我还要回部队工作。"

医生为阳鹏做了皮瓣手术。这个手术，就是将烧伤的手指埋入他的腹部皮肤，用石膏将手和腹部固定，等到腹部皮肤长在手上之后，再进行分离。阳鹏的右手臂皮肤全部被烧焦，根本无法打石膏，唯一可行的办法就是用针把手缝在腹部，难度和痛苦都超出正常手术的数倍。

由于皮肤的生长周期最短也要 21 天左右，这对于阳鹏来说，可谓是一段漫长的煎熬之旅。因为烧伤太严重，他的背部不停地出血、化脓，躺在病床上，犹如无数根钢针在扎自己。晚上他不敢睡觉，很怕睡着了碰到手臂，拉扯了手术的部位，这样就前功尽弃了。整整 21 天，阳鹏没有说过一声疼，也没有喊过一声苦，更没有掉过一滴泪。

值得庆幸的是，阳鹏的右手最终保住了！可是，忍住剧痛、保住右手，不过是煎熬之旅的前半程，接下来等待阳鹏的是更加艰难的一道鬼门关——奇痒。植皮后的三个月，身体开始长疤，那段时间，阳鹏被奇痒折磨得寝食难安，浑身就像有无数只蚂蚁在咬。实在痒得难以忍受时，他索性就唱军歌，自己给自己鼓劲儿。

历经了烈火的灼烧，忍住了剧痛的侵袭，挺过了奇痒的煎熬，阳鹏总算重获了新生。2010 年 12 月 18 日，他重新站了起来，迈出了负伤后的第一步。那一刻，阳鹏兴奋极了，就好像历经了九死一生，打了胜仗。

是的，他战胜了疼痛，也战胜了自己。

● 用热爱履行使命

阳鹏的事迹，很快就在三湘地区传遍了。大家都对这个年轻的小伙子充满了钦佩，都想更多地了解他，也想让更多人知道他的英雄壮举。

其实，阳鹏就是一个普通家庭走出来的青年。他出生在湖南汩罗江附近的一户农家，2007 年 7 月从海军工程大学毕业，分配到驻守东海前哨的某驱逐舰支队，任副雷声长。这支舰队是东海舰队的英雄部队，曾经两次被中央军委记二等功，走出过 110 名共和国将军，而阳鹏操作的编队指挥控制系统，更是指挥舰艇海上作战的核心，在每次重大演习中都发挥着不可小觑的作用。

曾经，在一次实弹射击演练前，阳鹏所在舰艇的主炮系统突然发生故障，大家都认为是雷达出了问题，可阳鹏经过认真分析后，给出了不一样的答案，他判定是指挥仪出了故障。经过一系列的排查，结果证明，情况恰如阳鹏所言。

2009 年 11 月，阳鹏调任支队岸勤部管理科管理员。从海上到岸上，从舰艇到机关，岗位变化了，但阳鹏忠于职守的使命追求、热血方刚的工作态度却从来没有变过。他把机关食堂伙食、支队车辆调度、家属来队住房分配等工作都管理得井井有条，让领导放心，让官兵满意。

被烈火烧伤后，阳鹏没有想过借此得到什么补偿，从昏迷中醒来后，他对家人说的第一句话就是："不要给部队和组织添麻烦、提要求。"那一刻，他心里想的依然是：我所做的一切，都是我应该做的，是作为一名军人的使命和职责。

阳鹏入院后，收到了 2 万元见义勇为的奖金，那些受助的乘客也自发捐款 6000 元。阳鹏的家境并不富裕，可他还是把这些钱全部捐给了湖南省见义勇为基金会。他的解释一如从前："我是一名军人，我只是做了我应该做的事，我捐的钱有限，但希望能唤起更多的人加入到见义勇为的行列中。"

英雄壮举的迸发虽然只在瞬间，但它往往需要长期的能量积聚。熟悉阳鹏的领导和战友都知道，他平日就有一副热心肠，习惯帮助人，也懂得感恩。他从来不觉得自己所做的一切多值得标榜，在他心里，从穿上了军装的那一刻起，就已经把军人的使命和人民的生命安全放在第一位。

生死抉择，彰显英雄本色；紧急关头，考验赤胆忠心。这就是阳鹏，就是我们身边最可爱、最可敬的人，我们没有理由忘记这个用行动、用生命、用热爱去履行使命的英雄。

李文波 | 人生的高度，在于过程的坚守

● 关键的时刻选择坚守

"二十年的坚守，你站成了一块礁石，任凭风吹浪打，却只能愧对青丝白发。你也有梦，可更知肩上的责任比天大。你的心中自有一片海，在那里，祖国的风帆从不曾落下。"

上面的这段话，是献给中国海军南海守礁士兵李文波的。他是南沙守备部队永暑专业队海洋气象分队的工程师，技术 6 级，专业技术大校军衔。他在南沙工作 21 年，先后 29 次赴南沙执行海洋气象观测和驻守永暑礁的任务，累计守礁时间达 8 年零 1 个月，创造了守礁次数最多、时间最长的纪录

1985 年，李文波从中国海洋大学毕业。当时，国家海洋局和中科院青岛海洋研究所纷纷向他抛出了橄榄枝，而李文波却毅然决然地选择了军营。他说："我从小就喜欢当兵，三个哥哥想当兵都没当成，我能去当兵，便实现了我的人生理想。"

李文波如愿以偿了。他成了所在专业唯一去部队工作的大学生，被分配到宁波市的东海舰队某海测船大队，做了一名从事海洋调查工作的技术军官。1991年6月，李文波主动申请调到新组建的南沙守备部队；次年9月，他乘舰第一次来到了永暑礁，此后没有再离开。

当时，市场经济的浪潮刺激了人们的物质欲望，很多人都下海经商了，并赚到了大量的财富。那一年，李文波回老家探亲，恰逢大学同学聚会。毕业多年，昔日的同窗有的成了国家机关领导，有的成了企业高管，有的自己开公司做了老板，还有的移民海外。当得知李文波还在南沙守礁时，同学们都很惊讶。其中，有一位当领导的同学跟大家合计，说帮李文波调职，换一个好点的环境，但李文波谢绝了同学的好意。

至于原因，他私下里说："虽然我的同学有的成了'大款'，有的做了大官，可跟他们比起来，我并不差。因为，我对国家做的贡献一点也不少，我也有自己的骄傲，起码我给我的国家和所处的时代留下了痕迹。"

同学的好意可以毫不犹豫地谢绝，亲人的恳求却让他无比纠结。当年，是他劝慰妻子及其家人，让他们离开家乡，与他一同来到湛江。2001年，李文波的母亲不幸瘫痪了，因为怕耽误他的工作，就一直没告诉他。直到2003年他回去探亲，才知道母亲已经在床上躺了三年，那一刻他忍不住失声痛哭。

不久后，李文波的岳父也患病瘫痪了，作为家里唯一的女儿，妻子希望能在父母身边尽孝。可是，此时的李文波需要马上守礁，上学的儿子也需要照顾,妻子根本无法回老家。无奈之下,她只好恳求丈夫。

到底是转业回家,还是坚守在南沙?李文波陷入了痛苦的挣扎中。

当时,如果提出转业的话,按照他的条件,肯定是没问题的;如果继续留在部队,马上就得去执行守礁任务。李文波做了最后的决定,打起背包奔向了那熟悉的礁盘,他想:"我不能做逃兵,我娘、我哥能理解我,妻子也应该理解我。"

在关键的时刻,选择南沙,选择坚守,这是李文波内心的声音,也是他为国家做出的牺牲与奉献。对家庭来说,他确实亏欠太多,可他知道自己首先是一名军人,其次才是父母的儿子、妻子的丈夫,用他自己的话说:"对孩子、对妻子的亏欠只有等到退休再补偿了,但只要穿一天军装,我就要像钢钉一样,牢牢铆在南沙的礁盘上。

● "南沙情"与"观测爱"

李文波刚调入南沙守备部队时,由于面对的是新岗位,很多东西都需要去学习。他认真研究《海洋观测规范》《地面气象观测规范》等知识,利用假期到高校和科研院所查询资料、请教专家教授,不断地提升自身的专业能力,逐渐成了部队里有名的气象"活预报"。

他对永暑礁海洋气象观测站建站以来所有的气象数据都进行了分类统计和分析研究,撰写了《南沙海区季风过渡期风的特点》、《南沙海区海浪年内变化特征》等多篇论文;还带领分队干部编写了十万多字的《南海水文气象观测教材》,作为南海舰队水文气象观测专业通用教材。

南沙的气象复杂多变，倘若预报不准，就会给战备巡逻、物资补给带来极大的困难，也会给值班的舰船造成危险。李文波带领分队人员对南沙海区天气的变化规律，包括一些灾难性天气，进行了细致的分析，总结出了一系列准确预报天气变化的经验，为值班的舰船和守礁部队提供了准确的气象参考。20多年来，由他带领的海洋气象观测站累计向联合国教科文组织和军内外气象部门提供水文气象数据140多万组，创造了连续7000多天无差错的纪录。

李文波曾经说："小数据连着大气象，必须确保每一组数据精准无误。因为，那不仅是一个气象工作者的职业道德，更是中国对联合国教科文组织的庄严承诺。人，一撇一捺而已；如何做好这个人，却不简单。要做到顶天立地，心中不能只有自己！"

2005年12月底，强热带风暴肆虐南沙海域，海风高达9级，李文波马上向领导建议："风力还会加大，赶快通知附近渔船进港。"在守礁官兵的帮助下，在附近作业的两艘渔船靠上礁盘码头，船上20多名渔民安全登礁。

李文波的这些业绩，真的来之不易。曾经，为了安装海气边界层观测系统，李文波带领分队的官兵扛水泥、搬器材，通宵达旦地摸索施工。建站之初，气象报表全部都靠人工填写，既要精准又要字迹工整，着实是一件很磨性子的工作。后来，李文波买了一台旧电脑，四处求教，最终设计出了南沙第一套水文气象月表程序，大大简化了制表流程。

2009 年 8 月，在一次巡察中，李文波发现国家海洋局设在永暑礁的水准点地基出现了裂纹，为了不影响南沙海区内潮汐表的准确性，他立刻带领分队官兵对水准点进行复测和校准，在近三海里的距离上，每 10 米测一次。一天下来，李文波的双脚全是被礁石划出的伤痕。可是，他从来没有抱怨过，而是说："我不是不懂享受生活，只是心里实在舍不下这份南沙情、观测爱。"

● 一生无悔的寂寞守礁人

在南沙巡防区工作 20 多年，李文波先后有 10 个春节都是在那里度过的。

1992 年 9 月，在家休假的他接到了部队的通知，舍下刚刚满月的儿子，就去南沙执行守礁任务了。3 个月后，家里告知孩子持续高烧半个月了，怎么都不退，转了多家医院也不见好，生命垂危。

李文波很担心儿子，可当时礁上气象分队只有他一个干部，他不能走。这一待，就到了 1993 年 3 月。由于常年守礁，他很难顾及家庭，其间先后有六位亲人去世，都没能赶回去尽孝。2005 年 9 月，李文波回家看望卧床已久、生命垂危的母亲，只陪伴了老人十天，就接到赴南沙守礁的命令。回到部队的第二天，他的母亲不幸辞世。那天夜里，李文波一个人走到后甲板，面朝北方，长跪在甲板上失声痛哭。半年后，当他从南沙守礁回来，母亲的坟上已经长满了青草。

这 20 年来，李文波自觉亏欠家里太多太多。当年，他在新婚的第五天就来到南沙，上礁后音讯全无。他算过，结婚 20 多年来，与妻子真正在一起的时间不足 3 年。结婚以来，他没有陪妻子逛过几次街，没有陪她出去旅游过，就算是相隔不远的海南岛，妻子跟他说过无数次，他也未能满足爱人的心愿。他说："对孩子、对妻子的亏欠，只有等到退休再补偿了。但只要穿一天军装，我就要像钢钉一样，牢牢铆在南沙的礁盘上。"

守礁是寂寞的，尤其是李文波所在的气象分队，每天跟气温、湿度、潮汐等各种数据打交道，更是枯燥乏味。可是，比起在后方的安稳生活，他却很享受这种寂寞又充实的日子。

在战友眼里，李文波是一个沉默少言、淡定如水的人。曾经跟李文波同期守礁、同住一个寝室的战士小李，说起他们在永暑礁住过的那间大气波导室，记忆犹新。在那间 10 平方米的房子里，只有一张上下铺的床和简易的桌椅、柜子。小李对李文波的感觉，就像是对父亲一样，既有尊敬又有害怕。3 个月的时间里，他们很少交流，也没说上几句话。

不过，李文波爱读书的习惯，给小李留下了深刻的印象。他说，李文波绝大部分时间都在看气象专业的书，每天都要看到很晚，熄灯后就用台灯看。后来，李文波自己说，读书不仅仅是因为兴趣，也是因为寂寞。永暑礁的建筑面积，不足一个足球场，几分钟就能逛一圈，在上面一守三个月、半年、九个月，实在没有什么新鲜事儿。

在沧海孤礁坚守 2900 多天，这绝非常人可以忍受的。建礁初期，条件很艰苦，天气非常热，湿气重、盐分高，没有空调，缺乏淡水，蔬菜不足，人上礁后没多久就会口舌生疮。精神上的孤寂，更是折磨人。当时，有几只军犬被带上礁，结果不到 3 个月，有的得了风湿病站不起来，有的得了躁狂症，见谁都疯叫。

恶劣的自然环境侵蚀着守礁人的身体，李文波的风湿病也很严重，可他依然一次不落地坚持守礁，还经常替战友值班。有人问李文波："你这样拼着命在南沙守礁，到底值不值啊？"李文波说："南沙守礁是我一生的荣耀，就算下辈子坐轮椅，也没什么后悔的！"

这个普通的军人，把理想和忠诚刻进了心里，扎根南沙，坚守在气象工作的第一线，埋头苦干，甘于奉献。虽然也有过痛苦无奈，也曾泪流满面，也曾心酸愧疚，可他依然执着前行，秉承着"将士受命之日，则忘其家；临阵之时，则忘其亲；击鼓之时，则忘其身"的原则，在观天测海的岗位上散发着耀眼的光芒。

李文波用自己的坚守，生动地演绎出了忠诚于党、奉献于民的核心价值观，他也用自己的经历告诉每一个知道他的人：人生的高度在于过程的坚守！

陈俊贵｜一生守护，只为一次生死相托

● 一个馒头的故事

"只为风雪之夜一次生死相托，你守住誓言，为我们守住心灵的最后阵地。洒一碗酒，那碗里是岁月峥嵘；敬一个礼，那是士兵最真的情义。雪下了又融，草黄了又青，你种在山顶的松，岿然不动。"

1979 年，陈俊贵从辽宁入伍到新疆。为了支援新疆交通事业的发展，他随部队参加了北起独山子、南至库车的天山独库公路大会战。这是一场没有硝烟的战争，先后有 168 位解放军指挥员献出了年轻而宝贵的生命，其中就有陈俊贵的班长郑林书。

时光荏苒，许多往事都被岁月冲刷得淡了，可班长壮烈牺牲的那一幕，却深刻地印在了陈俊贵的脑海里，久久不能忘怀。那是 1980 年冬天，雪下得很频繁，修筑天山公路的基建工程兵某部 1500 多名官兵，被暴风雪围困在天山深处，当时的气温有零下三十多度。面对饥寒交迫的情形，唯一能跟外界联络的电话线也被大风刮断了。为了尽快和40公里外的施工指挥部取得联系，得到及时的救援，陈俊贵奉命和班长郑林书、副班长罗强以及战友陈卫星下山请求部队救援。由于任务紧急，时间仓促，他们四个人只带了一支防备野狼侵袭的手枪和20多个馒头，就匆忙地出发了。

寒风呼啸，风紧雪急，在海拔3000多米缺氧的雪山上，他们四个人艰难地前行着。刚走了一半的路程，他们就已经气喘吁吁，筋疲力尽，体力已经透支到了无法再支撑的地步。可是，想到还有那么多被困在暴风雪中，随时都可能被寒冷、饥饿夺走生命的战友，他们还是打消了休息的念头，连走带爬地前行。

天色渐渐黑了，积雪太深，盘山的便道根本分不清楚哪儿是道路，哪儿是悬崖，一不小心就可能跌入深渊。刺骨的寒风不停地吹，他们四个人手牵着手，带着使命往前走，一刻也不敢停歇。待到天亮时，他们置身于白茫茫的雪原，迷失了方向，随身携带的20个馒头仅剩下最后一个。

一天一夜的行走，让他们身上的每一根筋骨都感到疼痛难忍，陈俊贵更是被饿得头晕眼花，时不时地看一眼班长口袋里的馒头。当他们再次看见夕阳的时候，体力已经完全用尽了，几个人跌坐在雪地里再也起不来了。望着那个唯一的馒头，你推我，我推你，谁都不肯吃。陈俊贵建议，把馒头分成四份，每个人吃一口，不料班长直接否决了这个想法，理由是馒头太小，分成四份根本起不了充饥的作用。

情急之下，班长做了一个决定："我和罗强是共产党员，陈卫星是一名老兵，只有陈俊贵是个新兵，年龄又小，馒头让他吃。"陈俊贵说什么也不肯吃，结果班长用命令的方式让他吃，看着寒风中饥饿疲惫的战友，陈俊贵觉得手里的馒头有千斤重，怎么都递不到嘴边。可是，为了完成任务，他还是挂着眼泪吃下了这个馒头。

班长郑林书负责在前面开路，他的身体透支得最厉害，终因体力不支倒下了。临终前，他用尽全身的力气对陈俊贵说了自己的遗愿：一是希望死后能埋在附近的山上，永远看护着战友和这条路；二是有使命在身无法孝敬父母，希望陈俊贵替他去看望一下父母。

带着眼泪用冰雪掩埋了班长之后，陈俊贵和战友继续上路。没过多久，副班长罗强也无声无息地倒下了。陈卫星和陈俊贵在摸索山路的途中掉下山崖，所幸被哈萨克牧民所救，才保住了性命，把施工官兵被困暴风雪的消息报告给指挥部。

1500多名战友得救了，可是22岁的班长郑林书，21岁的副班长罗强，却永远地在天山上长眠了。陈俊贵和陈卫星因严重冻伤，腿脚留下了重度残疾。3年后，天山独库公路通车，牺牲的英雄们总算可以安息了。

一句承诺，一生守护

陈俊贵因严重冻伤，在医院接受了长达4年的治疗。病情好转后，他复原回到了辽宁老家，当地政府为他安排了一份电影放映员的工作。随后，他娶妻生子，日子过得平淡安逸，但他时刻都在想念着自己的班长，更没有忘记班长临终前说的话。

当陈俊贵决定去寻找班长的父母时，他才发现，自己根本不知道对方家的详细地址和父母姓名，因为他与班长只相处了短短的38天，唯一知道的情况就是，他是湖北人。这要怎么去找呢？于是，陈俊贵重返当年部队的驻地新疆新源县，想着能在部队找寻到蛛丝马迹。谁知，老部队在独库公路竣工后就迁移并编入武警部队的序列，他在当地费尽周折，还是一无所获。

来到班长的墓前，满心的愧疚让陈俊贵不禁落泪。那天，他和班长说了很多知心话。为了能弥补愧疚之情，能离班长近一点，1985年冬天，陈俊贵辞去了稳定的工作，带着妻儿回到了天山脚下，回到了班长身边，并在离班长坟墓最近的一个山坡上安了家。

在跟随陈俊贵来新疆前，妻子已经做好了吃苦的准备，可真到了这里，才知道苦日子远远超出她的想象。由于陈俊贵的腿受过伤，无法干重活，一时间也找不到工作，全家人的生计只能靠妻子打零工赚钱，结余还要为陈俊贵治疗冻伤的后遗症，日子朝不保夕。那些年，他们举家食粥，常常因为给孩子交不起学费而遭受白眼，可陈俊贵从来没有后悔过。

他原本计划在新疆待上三五年，找到班长的父母、完成他的遗愿后，就回辽宁老家，谁知这一待就是二十几年。就在他寻找班长父母无望的时候，老战友陈卫星和烈士罗强的父亲从广东来为班长扫墓，陪他们前来的部队干部带来了老部队的消息。陈俊贵很快与老部队取得了联系，找到了老班长家的地址，部队还派人陪他一起到湖北慰问烈属。

在湖北罗田，陈俊贵见到了班长郑林书的姐姐。原来，班长参军后只探过一次家，原因是父亲病重。父亲去世后，家人怕影响他的工作，一直没有告诉他。直到郑林书牺牲时，他也不知道父亲过世的消息，而他的母亲也在 2003 年去世。得知班长的双亲均已过世，陈俊贵在两位老人的坟前落下了悔恨的泪水，责备自己没有早点过来看望他们，没有替班长尽孝。唯一可以告慰的是，总算来到了他的家，完成了他的嘱托，告诉他的父母，此生自己将永远守护班长，他不孤单。

● 天山深处的守墓人

为了纪念在筑路工程中光荣牺牲的英烈们，1983 年政府在尼勒克县修建乔尔玛烈士陵园，纪念碑碑座的正面镌刻着中国人民解放军工程兵部队在筑路施工中光荣献身的指挥员英名，而今这里已经成为红色革命教育基地、党员模范教育基地、国防教育基地，它的意义恰如碑文所言——人是躺下的路，路是竖起来的碑。

同年，尼勒克县委、县人民政府找到陈俊贵，希望他能为乔尔玛烈士陵园做出更大的贡献，为他解决了城镇户口和事业编制。这更加坚定了陈俊贵为班长和筑路英烈们守墓的决心。不久后，他将班长郑林书和副班长罗强的遗骨迁到乔尔玛。

2008 年 12 月，尼勒克县再投资 60 多万元，建立了烈士纪念馆。如今的陈俊贵，不仅在乔尔玛看护陵园，还当起了义务讲解员，把一件件烈士事迹讲给前来瞻仰的人们。曾经从生死线上走过来的他，愿意用一生为班长和筑路英烈们守候，尽管只是一名普通的陵园看护者，可他已经把一份沉重的责任融进了自己的骨子里，那份责任就是——让所有的人都知道并铭记天山深处的筑路英雄！

孟祥斌 | 生命的价值，不是用交换来体现

● 用陨落挽回另一个生命

"风萧萧，江水寒，壮士一去不复返。同样是生命，同样有亲人，他用一次辉煌的陨落，挽回另一个生命。别去问值还是不值，生命的价值从来不是用交换体现。他在冰冷的河水中睡去，给我们一个温暖的启示。"

这段感人的颁奖词，是感动中国组委会献给孟祥斌的。我们时常会追问人生的意义，或许意义不在于追问，而在于行动。推选委员纪宝成如是说："真的仁者视他人的生命如自己的生命，真的勇者愿为他人的生命付出自己的生命。"

2007 年岁末，一位军人感动了一座城；2008 年岁末，这位军人依然感动着千万人的心。他，就是第二炮兵（2015 年 12 月 31 日改为中国人民解放军火箭军）某部的中尉军官孟祥斌。2007 年 11 月 30 日，为了救一名轻生的女青年，他纵身一跃，献出了自己年仅 28 岁

的生命。

那天上午，孟祥斌带着从山东老家来队刚一天的妻子和女儿到市区购物，准备给女儿买一双鞋。11 时 15 分左右，当他们路过城南桥时，一名女青年跳进了婺江，人在江中苦苦挣扎。身为军人的孟祥斌，当即决定去救人。妻子知道他患有严重的腿部脉管炎，动过大手术，劝他绕江堤下去救人，旁边的一位中年妇女也提醒他，跳江太危险了。可是，孟祥斌却说："来不及了，救人要紧。"说完，就从 10 米高的桥上纵身跳进了江里。

当时，浪急水凉，每前进一米对孟祥斌来说都是一种莫大的考验。好几次，他都因为体力不支沉入水中，又挣扎着浮上来。他用力地拉着女青年不停地向岸边靠拢，10 分钟后，一艘摩托艇闻讯赶来，孟祥斌用尽自己身上的最后一丝力气，把女青年托出水面，自己却再没有上来。

眼睁睁看着自己的爱人沉入江中，孟祥斌的妻子悲痛欲绝，孩子提着爸爸脱下来的一只旅游鞋，哭喊着："爸爸没有了，爸爸没有了。"此时，这久别重逢的一家三口，相聚时间还不足 26 个小时，而孟祥斌答应给女儿买小红鞋的承诺，永远也实现不了了。

13 时 40 分，被打捞起来的孟祥斌被送往医院急救，大批群众自发地跟到了医院，虽然希望渺茫，可众人还是不愿放弃。直至下午15 时 03 分，医生宣布抢救无效。噩耗传出，很多人噙着眼泪，无声地为这个年轻的生命感到惋惜。

英雄的壮举，很快就在社会各界引起了强烈的反响。一夜之间，婺江河畔、城南桥头摆满了花圈；在街头巷尾和英雄牺牲的地方，百姓们通过各种方式哀悼英雄。孟祥斌出事那天晚上，有1000多名金华市民来到他救人的地方，冒着寒风为英雄"烛光守夜"。

金华市民为了安慰孟祥斌的妻子和女儿，自发捐款捐物，还排队去看望她们，并给孩子送去一双双各式各样的小红鞋。开追悼会的那天，有200多辆出租车和公交司机自发免费接送参加追悼会的人，3万多名群众自发赶到殡仪馆，原本计划时长1个小时的悼念活动，最后持续了5个多小时。

网络对孟祥斌事件的报道，引来了空前的关注。有的网友称："孟英雄，你是感动整座金华城的人物。"还有网友说："英雄已逝，精神长存。他的行为，给社会带来了一股清风：路见危难，不讲得失，毫无畏惧，挺身而出。他用弥足珍贵的勇气，用自己宝贵的生命诠释了当代军人报效社会、报效人民的崇高理想。"

2007年12月，二炮党委和浙江省委、山东省委分别做出向孟祥斌学习的决定，授予他浙江省见义勇为勇士荣誉称号、浙江青年五四奖章；被评为山东省道德模范、浙江骄傲2007年度最具影响力人物，获得2007山东年度新闻人物特别奖，当选中央电视台感动中国年度人物。2009年5月，中央军委追授他"舍己救人模范军官"荣誉称号。

● 用生命铸就道德丰碑

出生在农民之家的孟祥斌，1997年带着美好的期待入伍。他勤奋好学，刻苦训练，第一年就被评为优秀士兵，第二年当上班长。1999年7月，他以优异的成绩考入解放军信息工程大学电子技术学院，在校期间加入了中国共产党。

从军校毕业后，孟祥斌被分配到二炮某部，他并没有因为环境和工作条件艰苦而抱怨，除了军事训练以外，其他时间都用在了学习上。2004年7月，孟祥斌的妻子临产，想让他休假回去照顾，可当时部队即将赴外地进行演习，为了不失去这次机会，孟祥斌没有向组织请假，潜心演习现场，完成了通信保障任务。演习结束后，他的女儿已经出生半个多月了。

在部队期间，孟祥斌一直在不断校正自己的人生观，把对社会和家庭的责任化为一种高度的自觉行动。2006年5月，他得知自己的一位军校同学的父亲生病，就带头发起了捐款活动，帮这位同学渡过难关。不仅如此，他还经常为失学儿童、困难群众捐款捐物，多次在部队和地方无偿献血，用他的话说："时刻保护人民群众的利益是军人义不容辞的义务。"

正是因为心中怀有这样的理念，才让他在看到女青年轻生跳江的那一刻，毫不犹豫地选择了舍己救人，用自己的生命换取别人的生命。他在跳入水中救人的那一刻，可能什么也没想，因为奉献的精神已经是他生命的一部分了，看到别人有危险，他的第一反应就是奋不顾身地去救人，这是强烈的责任心使然。

● 在平凡中实现生命的价值

事情发生后，有人这样评议，说孟祥斌是一名军人，可以在自己的工作领域中更好地实现自身价值，为了一个轻生者而失去了生命，似乎有些不值得。

那么，生命的价值到底体现在哪儿呢？

说一件类似的案例。

20世纪80年代，第四军医大学学生张华为了救一名掏粪农民而牺牲，这件事情引起了强烈的争论，有人也提出了同样的质疑：以一个年轻的大学生去换取一个掏粪农民的生命，是不是值得？这跟孟祥斌搭救一位因情感问题而轻生的女青年，如出一辙。

这是一个价值多元化的时代，我们经常会听到"道德滑坡""诚信缺失""人心不古"等社会道德状况的负面消息，但要知道，这只是个案，不能被无端地放大。朝气蓬勃的大学生，年轻有为的军官，舍己救人离开了这个世界，着实令人扼腕叹息。但是，他们的英雄事迹所蕴含的精神价值，却为他们的生命添加了别人难以企及的厚度与高度。

当年，作家梁晓生在一篇文章中写道："当我在拿张华的生命价值和掏粪工的生命价值作比较的时候，我是非常耻辱的。生命可以比吗？生命都是无价的。"而今，孟祥斌的行为也在提醒更多的人，对生命要同样的尊重。

　　一位哲人说过，没有英雄的民族是可悲的民族，有了英雄不珍惜的民族更可悲。当代军人的字典里有四个重要的词语：使命、忠诚、纪律、牺牲。使命是核心，忠诚是前提，纪律是条件，牺牲是要求。只要坚守了这样的理念，就一定能够做到在关键的时刻冲上去，包括牺牲自己的生命。无论是张华还是孟祥斌，他们都闪烁着善良的光辉，而这种光辉恰恰是我们这个时代最需要的。

参考文献

1. 百度百科：https://baike.baidu.com/

2. 人民网：http://www.people.com.cn/

3. 创业邦：https://www.cyzone.cn/

4. 360 个人图书馆：http://www.360doc.com/index.html

5. 网易新闻：https://news.163.com/

6. 科学网：http://news.sciencenet.cn/

7. 新华网：http://www.news.cn/politics/

8. 观察者：https://www.guancha.cn/

9. 国防教育：http://www.mod.gov.cn/education/index.htm

10. 华声在线：http://www.voc.com.cn/

（注：本书参考了许多书籍和文献，标注如有遗漏，恳请见谅并联系我们。）